人類が生み出した全知全能の存在は神になりうるか？

宗教学者 島田裕巳［著］

ビジネス教育出版社

目次

はじめに

映画「2001年宇宙の旅」（スタンリー・キューブリック監督）が公開されたのは1968年のことである。2020年から振り返れば、それは52年も前のことになる。

今、改めてこの映画を見てみると、未来を予測する試みがいかに容易でないかを印象づけるシーンが随所に出てくる。一つは、月へと向かうスペースシャトル「オリオン号」がパンナムによって運営されていることである。

パンナムことパンアメリカン航空は、アメリカの航空会社で国際線を専門としていた。世界で最初にジェット旅客機を導入したはパンナムで、多くの著名人がパンナムを利用した。

私の子どもの頃には、「兼高かおる世界の旅」という旅番組が放送されていたが、パンナムはその番組に協賛していた。

大相撲でも、パンナムは優勝力士に賞を出しており、それを授与するデビッド・ジョーンズ支配人の「ヒョー・ショー・ジョウ！」という呼び方は評判にもなった。その時代、今と違って表彰式にはあまり人気がなく、観客はそれを見ずに帰ってしまうことが多かったのだが、これは見ものになった。

そのパンナムは、1973年のオイル・ショックや、航空業界の規制緩和の影響で業績が悪化し、1991年には運行を停止している。つまり、2001年には、パンナムはもはや存在しない航空会社になってしまっていたのだ。

さらに映画の予測が外れた重大な事柄としては、ソビエト連邦の崩壊と東西の冷戦の終焉があげられる。

映画には、月面のクラビウス基地で起きている異常事態を調査するためにやってきたアメリカのヘイウッド・フロイド博士が、宇宙ステーションでソ連の科学者と会い、月面基地のことについて質問される場面が出てくる。博士は、それに答えることを拒否するのだが、ソ連は2001年の10年前、1991年に解体された。

映画が公開された当時、パンナムが倒産し、さらにはソ連が崩壊するなど、誰も予想していないことだった。パンナムは、アメリカの航空会社のシンボル的な存在であり、ソ連は、社会主義陣営のリーダーとして君臨し、アメリカと対峙していた。東西の冷戦構造に終焉がもたらされるなど、想定外のことだったのである。

それだけ未来を予測するのは困難だと言えるが、映画が公開された時代には存在しなかったものを、映画に登場させることも不可能である。「2001年宇宙の旅」の場合、その代表がデジタル表示だった。

映画に出てくる宇宙食はNASAが開発し、提供したものだった。映画の真の主役は、ディスカバリー号に組み込まれたAIのHAL(ハル)9000型コンピュータとも言えるが、その設定や画面については、IBMが協力した。HALのアルファベットをそれぞれ1文字先に進めるとIBMになる。

そのほか、宇宙船やその内部などは、今見ても依然として未来を感じさせるが、スイッチ類は機械的なもので、モニター類もアナログ表示だった。今日広く用いられており、最新の宇宙船なら必ず搭載されているデジタル表示ではなかったのだ。さすがにこの部分は時代を感じさせる。一気に1969年に引き戻されてしまうのだ。

HALを象徴するのは、赤い目である。HALは、その目を通して、周囲の光景をとらえる。その点では、意志をもった監視カメラであるとも言える。

実際、HALは、自分のやることに疑問を持つようになった乗務員の唇の動きを読むことで、どういった会話がなされたかを理解する。そして、自分を守るために、乗務員を抹殺してしまうのである。

SFの世界で広く知られたものに、「ロボット三原則」がある。これはSF小説の大家であったアイザック・アシモフが、1950年に、「我はロボット」という作品のなかで示したものである。この三原則は、アシモフ以外の作家の小説にも登場し、SFの世界では重要な役割を果たす。

ロボット三原則は、次のようなものである。

第一条　ロボットは人間に危害を加えてはならない。また何も手を下さずに人間が危害を受けるのを黙視していてはならない。

第二条　ロボットは人間の命令に従わなくてはならない。ただし第一条に反する命令はこの限りではない。

第二条　ロボットは人間にあたえられた命令に服従しなければならない。ただし、あたえられた命令が、第一条に反する場合は、この限りでない。

第三条　ロボットは自らの存在を護らなくてはならない。ただしそれは第一条、第二条に違反しない場合に限る。

この原則からすれば、HALがディスカバリー号の乗務員を殺してしまった行為は、自らを守るためのものであったとは言え、明らかにこの三原則に違反している。

ただ、アシモフの小説でもそうなのだが、SF小説というものは、ロボットが三原則に違反する行為に及んだところからはじまる。人間に逆らうHALは、SF小説においては決して珍しい存在ではないのだ。

私たちが、AIのことを思い浮かべるとき、HALの影響は大きい。AIは、人間以上に賢く、膨大な計算量にもとづいて状況を判断し、的確な対処法を示してくれる。それは、すでに意志、個性を持った存在であり、さまざまな面で人間の能力を凌駕している。そのようなAIのイメージは、HALによって形成された部分も相当にあるのではないだろうか。

AIとは、artificial intelligence の略称であり、日本語では人工知能と呼ばれることが多い。

AIということばを作ったのは、アメリカの計算機科学者、ジョン・マッカーシーとされている。彼はこれを1955年に、翌年に開かれた人工知能についてのダートマス会議の提案書で使った。

マッカーシーはそこで、ＡＩとは、「知性を備えた機械を作る科学と工学である」と定義していた。

ただ、ＡＩの定義は、研究者によって多様で、明確に定められているわけではない。慶応義塾大学の山口高平は、「人の知的な振る舞いを模倣・支援・超越するための構成的システム」と控えめな定義を行っているが、公立はこだて未来大学の松原仁になると、「究極には人間と区別が付かない人工的な知能のこと」と、かなり踏み込んでいる。もっとも、「知能の定義が明確でないので、人工知能を明確に定義できない」（大阪大学浅田稔）と、定義の困難さを指摘する者もいる。

ＡＩについては、「汎用型」と「特化型」が区別される。汎用型は知能の面で人間と同じ、さらにはそれをはるかに凌駕する能力を発揮するものである。ＳＦに登場してきたのは主にこの汎用型で、ＨＡＬもまた明確な意志を持つ主体的な存在ということで、汎用型に含まれる。

しかし、汎用型を作り上げることは、現在のおいても不可能である。未来においてそれが実現されるかどうか、今の段階ではそれを見通すことはできない。

汎用型というと、人型ロボットが思い浮かぶが、Ｐｅｐｐｅｒ（ペッパー）などにしても、その能力は限定的である。鉄腕アトムのようなＡＩが開発される可能性は、今のところとても現実的なものとは言えない。

現在、ＡＩとして開発が進められ、現実に機能しているものは特化型である。特化型は、そもそも人の形をとっておらず、その目的、用途は特定の事柄に限られる。将棋や囲碁のソフトや自動運転システムは、特化型にほかならない。

ＡＩについては、そのことばが生まれた１９５０年代から注目されてきた。ブームもあり、第一次のブームは１９６０年代が中心で、第二次のブームは８０年代が中心だった。そして、２０１０年代に入ると、第三次のブームが生まれる。この第三次のブームは現在でも続いており、前の二つのブームとは異なり、その勢いは止まりそうにない。

概念としてＡＩが提起されたとしても、それを実現するには、コンピュータの発達が不可欠であり、インターネットの発展も決定的に重要である。第一次と第二次のブームの際には、まだそれが十分ではなかった。

第二次ブームの１９８０年代に入ってからは、ＩＢＭ・ＰＣが誕生し、パソコン時代が訪れた。１９８４年には、初めてのＭａｃｉｎｔｏｓｈが発売される。私はたまたま、この年に大学共同利用機関である放送教育開発センターに助手として就職したが、職場には、発売されたばかりのＭａｃｉｎｔｏｓｈがあった。そこには、コンピュータに詳しい浜野保樹が助教授として赴任していたことが大きい。ただし、当時のＭａｃｉｎｔｏｓｈは英語でしか使えず、日本人にとっては必ずしも実用的なものとは言えなかった。

パソコンが発達することによって、演算速度は飛躍的に伸び、ＡＩが自ら学習していく「深層学習（ディープ・ラーニング）」が可能になった。将棋や囲碁の場合、人間がやることはそのルールを教えることで、後はＡＩ同士が対戦を重ね、それで経験値を高め、勝手に強くなっていくのである。

ＡＩが発達していく上において、データの存在は決定的である。膨大なデータがなければ、いくらコンピュータの処理速度が上がっても、意味をなさない。そうした大量のデータはビッグ・データと呼ばれる。ビッグ・データは、インターネット上に存在している。

インターネット上の情報量は、ここのところ毎年飛躍的に増えており、アメリカのシスコシステムズによれば、２０１５年から２０２０年にかけての年平均成長率は２２パーセントに達する。この5年間に約2・7倍に増加している。

２０２０年に、年間の総情報量は４４ＺＢに達するものと見込まれている。ＺＢはゼタバイトと読むが、１ゼタバイトが１０億テラバイトで、それは、私たちに馴染みのあるギガバイトの1兆倍である。４４ＺＢは４４兆ＧＢなのだ。

気の遠くなるような数字で、また、その膨大さを実感することが難しいが、インターネット上の情報量が増えていることについて、私は日々仕事をするなかで感じている。

私は、今ここで行っているように、本を執筆することを仕事としている。年間で１０冊程度の本を書き下ろしているが、それが可能なのは、現在のデジタル環境があってこそのことである。

昔なら、執筆にあたって、紙媒体である本や論文にいちいちあたらなければならなかった。もちろん、今でもそうした作業は行っており、自宅にある本を活用し、必要なら新たに購入するか、図書館で借りたりする。それで情報量の不足を補うのである。

ところが、最近になると、執筆のために、本を購入したり借り出したりすることが徐々に減ってきている。新たに一冊も本を買わず、図書館からも借りないということさえある。

たとえば、最近刊行した『捨てられる宗教　葬式・墓・戒名を捨てた日本人の末路』（SB新書）の場合がそうである。この本では、日本をはじめとして世界の宗教の状況などについて多くの統計資料を利用しているが、ほぼすべてはインターネットを通して入手したものである。

そもそも、今世界の宗教がどういう状況にあるのかを知ろうとして、世界中をまわったとしても、ほとんど情報は集まらない。現地調査では、調べようとしても、それは不可能である。

ところが、インターネット上には、さまざまな機関、さまざまな研究者が調査したデータがあがっている。それを活用することで、世界の状況を理解することができる。これは、昔ならまったく考えられないことである。

世界は大きく変わったのである。

情報化社会が発展することで、AIは、SF小説や映画のアイテムではなくなり、現実のものになっている。それは、現代の社会において不可欠のものとなり、私たちの生活はしだいにAIに依存するようになってきている。

しかも、「シンギュラリティ」ということがささやかれている。これは技術的特異点と訳されるが、要するに、AIが人間の知性を超え、社会を大きく変えていく時が訪れるということである。

これを提唱したのがアメリカの未来学者、レイ・カーツワイルである。彼は、２００５年に"The Singularity Is Near: When Humans Transcend Biology"（邦訳は、『ポスト・ヒューマン誕生　コンピューターが人類の知性を超えるとき』井上健訳、ＮＨＫ出版）という本を刊行し、そこで２０４５年にシンギュラリティが訪れるという予測を発表した。

このカーツワイルの予測に対しては、当初から、さまざまな批判が寄せられていた。それは今も変わらず、シンギュラリティなど起こらないという声は根強い。

シンギュラリティに対して毀誉褒貶《きよほうへん》が激しいのは、ＡＩが人間の知性を超えることは、それが神になる、あるいは神に近づくことを意味するからである。

地球上には、人間以上の知性を備えているものは存在しない。宇宙人というものがいるのなら、彼らが人類をはるかに超えた知性を発揮する可能性もあるが、それはＳＦの世界での出来事にとどまっている。

拙著『捨てられる宗教』においては、とくに先進国において、宗教が衰退していることを指摘した。そこでは、その原因を、主に超長寿社会が到来し死生観に根本的な変化が起こったことに求めたが、その兆しは、近代に入り、科学が大きく発展した段階ですでに現れていた。

宗教が衰退するということは、神への信仰が薄れ、神の力が人間の世界に及ばなくなってきたことを意味する。

神はこの世界を創造した存在であり、創造の後も、その力は地上に及んでいると考えられてきた。その神が退場してしまったとき、人間は、それに代わっていったい何を拠り所にすればいいのだろうか。宗教が人類の歴史とともにはじまり、大きな影響を与え続けてきたのも、それが死生観のみならず、世界観を生む基盤となるものだからである。

人間はこれから、ＡＩを神として崇めるようになるのだろうか。もしシンギュラリティが訪れるとしたら、それは十分に起こり得ることである。

ただ、シンギュラリティが具体的にどういった事態をさしているのか、その点は必ずしも明らかにはなっていない。その全貌が示されるのは、シンギュラリティが実現された時になるとも言える。現在のＡＩは驚異的な速度で進化を遂げており、その未来を予想することは難しい。ＡＩ自身も、そのことについては示してくれないのだ。

だが、私たちはそれが起こることをただ手をこまねいて待っているわけにもいかない。シンギュラリティが実現されることで思わぬ事態が発生するかもしれないからである。

シンギュラリティのあり方を予測するために、私たちは、知性というもの、あるいは知能というものについて考えなければならない。いったい、人間の知性、知能はいかなるものなのか。そして、ＡＩの知性、知能はどこに特徴があるのか。私たちの未来を展望するためには、そうしたことを見極めていく作業が欠かせないのである。

第一章 ＡＩは美空ひばりを、グレン・グールドを蘇らせる

ＡＩは、死者を蘇らせることができる。

もちろん、肉体を持った死者を、この世に蘇らせるというわけではない。

だが、死者が蘇ったと、多くの人たちに思わせることは十分に可能になってきた。

実際、昭和の歌姫と言われた美空ひばりは蘇った。

２０１９年１２月３１日に放送されたＮＨＫの「紅白歌合戦」において、美空ひばりの姿はスクリーンを通してではあるが、ステージ上に蘇みがえり、新曲「あれから」を歌った。

音声の技術を開発したのは、音響メーカーのヤマハで、ヤマハが開発した歌声合成技術「ＶＯＣＡＬＯＩＤ：ＡＩ（ボーカロイド：エーアイ）」が用いられた。

これは、生きていたときの美空ひばりの録音や楽譜をはじめ、本人の歌い方やクセなどをデータとして蓄積し、ＡＩに学習させていったものである。

姿の方は、デジタルヒューマンの技術が用いられている。これは、人の動きをデジタル的に記録するモーションキャプチャーを用い、そこにＣＧを重ねていくもので、これによって、生前の美空ひばりの姿がステージ上に蘇ることとなった。

歌にかんしては、ＡＩに美空ひばりの歌声を聞かせ、何度もそれを歌わせることで、その歌い方や声の特徴を学習させていった。これは深層学習によるものである。ただ、それを実現するのは容易なことではなかった。

開発者によれば、最初ＡＩは、本人とはまったく似ていない声で、デタラメに歌ったという。

そこで本物に近づけるため、声の出し方や歌い方を変える作業を自動的にくり返していった。それを何万回、何十万回くり返すことで、美空ひばりの声色や歌い方をマスターしたＡＩが完成した。開発者は、「そこに新曲の楽譜を与えれば、たとえ歌ったことがない曲でも、ひばりさんの声色と歌い方で歌うことができるわけです」と語っている。

ＶＯＣＡＬＯＩＤが用いられているものとしては初音ミクがよく知られている。ただ、こちらは人工的なものであることが最初から分かるような歌い方になっている。

それに対して、美空ひばりを蘇らせるということは、彼女の生前の声、歌い方をそのまま再現するということである。そこに少しでも人工的なものが残っていれば、誰も美空ひばりが蘇ったとは考えない。

美空ひばりは、「演歌の女王」と呼ばれることもあり、実際演歌も歌っている。しかし、多くの演歌歌手が、幼い頃に民謡を歌っていたのとは異なり、民謡がルーツにはなっているわけではない。

むしろ、戦後に流行したジャズの影響の方が強い。実際、美空ひばりにはジャズのアルバムもいくつかあり、それは見事なジャズになっている。デビューしたての時期には、「ブギの女王」と言われた笠置シズ子の真似をしていた。ブギはジャズで用いられる唱法である。

ＡＩ美空ひばりが、紅白歌合戦の舞台に登場する３カ月ほど前の９月２９日には、「ＮＨＫスペシャル　ＡＩでよみがえる美空ひばり」が放送された。この番組では、ＡＩの技術を駆使して美空ひばりに新曲を歌わせ、ひばりファンや関係者を感動させるまでの過程が描かれた。

そのなかで、美空ひばりの歌を解析すると、高次倍音が出ていることが明らかにされた。通常の歌声の周波数は1000Hz～5000Hzのあいだだが、美空ひばりの場合には、その歌声のなかに7000Hzを超える「高次倍音」が含まれているというのである。

ただこれは、番組のなかでは紹介されなかったが、この高次倍音は、他の歌手の歌声のなかにも出てくる。高次倍音には、整数次倍音と非整数次倍音の二つの種類がある。前者は規則的な震動だが、後者は不規則な震動である。前者の代表的な歌手としては松任谷由美がいて、後者は森進一や宇多田ヒカルがあげられる。

美空ひばりの場合には、たんに高次倍音を使うだけではなく、整数次倍音と非整数次倍音の両方を使い分けることができるところに特徴がある。彼女がどんなジャンルの歌をうたいこなせるのも、これあってのことである。

これをAIによって再現するというのは、とてつもなく難しい作業である。番組では、それに気づく前の段階で、後援会のファンの人たちにAIの歌を聴いてもらう場面が出てくるが、見事なまでに酷評された。まるで美空ひばりらしさがないというのだ。AI美空ひばりに歌わせる新曲を作詞した秋元康からも、人間味がないと言われてしまう。

それをもとに試行錯誤がくり返された。番組に先立って9月3日には、NHKの101スタジオで、関係者とファン向けの試聴会が開かれたが、今度は、そこに集った人々を涙させることとなった。

そこには、自ずと感動し、涙するような方向にもっていく秋元の歌詞と語りの部分の影響も大きいと思われる。それもあり、生きていたときと同じ美空ひばりそのものがそこにいるというよりも、亡くなって赴いた天上の世界から、関係者やファンを見守ってきたという印象を強く与えるものになっていた。

ファンの一人は、「神様を見ているような気持ちになる神々しさ」を感じたという感想をもらしていた。たしかに、ＡＩ美空ひばりは、そのように思わせるものを持っていた。

私は最初に紅白歌合戦でＡＩ美空ひばりを見た。そのときには、立体ＣＧで再現された姿に違和感を持ち、歌詞と語りがあざといのではないかと思った。

しかし、後から９月２９日放送のＮＨＫスペシャルを見ると、それを実現するまでの困難さが理解でき、また、歌詞と語りに秋元の人生がいかに深く関係しているのかが分かり、受け取り方は変わった。

しかし、ＡＩ美空ひばりに対しては、その試みに強く反対するミュージシャンもあらわれた。シンガーソングライターの山下達郎である。

山下は、ラジオ番組のパーソナリティーをつとめているが、リスナーから、ＡＩ美空ひばりに対する感想を求められた。そのリスナーは、「単刀直入にお聞きします。昨年の紅白、『ＡＩ美空ひばり』についてはどう思われますか？　私は技術としてはありかもしれませんが、歌番組の出演、ＣＤの発売は絶対に否と考えます。ＡＩ大瀧詠一とかＡＩ山下達郎なんて聴きたくありません」というものだった。

これに対して、山下は、「ごもっともでございます。一言でも申し上げると、冒瀆です」と答えている。

山下はそれ以上何も述べていないので、どうして冒瀆と考えるのか、あるいは、誰にとっての冒瀆なのかについて語ってはいない。けれども、これは、山下だけの感想ではなく、ＮＨＫの番組に対しても、違和感を表明したり、冒瀆だと批判する声が寄せられたという。炎上したとも伝えられている。

山下はいったいなぜ、ＡＩ美空ひばりが冒瀆だと考えたのだろうか。

家族やファンに対する冒瀆であるというのなら、それは成り立たない。家族やファンは、すでに述べたように、ＡＩ美空ひばりを受け入れ、その歌に涙しているからである。

では、美空ひばり本人に対する冒瀆なのだろうか。

美空ひばりは、晩年、肝硬変や大腿骨頭壊死を患い、最期は呼吸器系の病で亡くなっている。亡くなったとき、まだ５２歳だった。今の感覚からすれば、かなり若かったように思われるが、正式にレコードデビューしたのは１１歳のときと早く、芸暦は長い。１９３７年の生まれだから、２０２０年で８３歳ということになる。今でも生きていて一向に不思議のない年齢である。

８３歳の美空ひばりは、すでに芸能界からは引退していることだろう。少なくとも、旺盛な歌手活動は難しいはずだ。どこかで幸福な余生を送っているかもしれない。

そのひばりの元に、ＡＩ美空ひばりの企画が持ちこまれたとしたら、本人はどうしただろうか。これはまったくの想像だが、「そんなことができるはずはない」と思いつつ、好奇心から承諾したのではないだろうか。

完成したＡＩ美空ひばりに対して、本人は驚きつつも、一方で、物足らなさも感じたはずだ。そこには、不世出の歌手としての絶対の自信があるからだ。

しかし、彼女が自分が冒瀆されたと感じることはないのではないだろうか。

山下が冒瀆だと感じたのは、ミュージシャンとして、自分が何者かによって代替されてしまうことを恐れたからではないだろうか。

著名な歌手になると、その物真似をする人間が現れる。美空ひばりにも、専門の物真似歌手がいる。

もし、そうした物真似歌手とＡＩ美空ひばりが対決したとしたら、ひばりファンはどちらに軍配を上げるだろうか。おそらく、ＡＩ美空ひばりの方にだろう。なにしろ、ＡＩ美空ひばりは、ひばりにしかできない歌の技術を取得しているからだ。

ということは、ＡＩ山下達郎なら、もしかしたらより容易に作り出せる可能性が出てくる。さらには、さまざまな優れた歌手のデータをもとに、まったく新しいＡＩ歌手が誕生するかもしれない。

もし、新人のＡＩ歌手が、歌で人々を感動させたら、いったいどうなるのだろうか。シンギュラリティが起こるとされる２０４５年には、十分にあり得ることである。山下は、そうした事態を予期し、ＡＩ美空ひばりを冒瀆と批判したのではないだろうか。

ＡＩ美空ひばりが、関係者やファンにはじめて公開されたのは２０１９年９月３日のことだったが、その４日後の９月７日には、オーストリアにある聖フローリアン修道院において、ＡＩグレン・グールドによる演奏会が開かれた。それを開発したのも、ＡＩ美空ひばりと同様に日本のヤマハであった。

ＡＩグレン・グールドとＡＩ美空ひばりの大きな違いは、グレン・グールドという人物は再現されなかったことにある。目に見えないＡＩグレン・グールドが演奏したのは、自動演奏ピアノ「Ｄｉｓｋｌａｖｉｅｒ」であった。このピアノは市販されている。

当日撮影された映像は、ＹｏｕＴｕｂｅに上がっており、私もそれを見た。ほかに、開発過程について紹介した短いドキュメンタリーも見ることができる。

ＡＩグレン・グールドを作り上げるプロジェクトは、「Ｄｅａｒ　Ｇｌｅｎｎ」と呼ばれている。使われている技術は、ＡＩ美空ひばりと同様に、ＡＩによる深層学習である。ＡＩが学習したのは１００時間を超えるグールドの演奏音源だった。

ただ、ＡＩグレン・グールドの場合には、グールド本人の演奏だけではなく、グールドの演奏方法について熟知している複数のピアニストの演奏も「ヒューマン・インプット」として学習しているという。これについて詳しいことは分からないが、これによってグールドの他の演奏者とは異なる演奏の仕方が明確になってくるのではないだろうか。

ピアニストということであれば、グールド以外にも沢山いる。多くの音源を残している名ピアニストなら、相当な数にのぼる。その点では、グールドではなく他のピアニストが対象として選ばれても不思議ではない。

だが、グールドが選ばれたところには必然性があったように思われる。

グールドは、１９３２年にカナダのトロントで生まれた。音楽一家で、１０代でコンサート・デビューし、カナダでは高い評価を受けていた。

グールドの存在が広く知られるようになるのは、２２歳になった１９５５年6月にバッハの「ゴルトベルク変奏曲」ＢＷＶ９８８を録音したことによる。この演奏は、従来のバッハの演奏とは大きく異なるもので、その独創性が高い評価を生むこととなった。

それ以降、グールドは、バッハを中心に、アルバムを録音し、演奏会を開いてきた。ところが、ここがグールドの存在を特別なものにすることに貢献したと言えるのだが、１９６４年3月２８日のシカゴでのリサイタルを最後に、コンサート活動を行わなくなってしまうのだ。

その理由については、さまざまなことが言われている。グールド本人も、いろいろな理由をあげている。たとえば、コンサートの聴衆は、演奏者が間違えることを期待し、それを発見することに喜びを見出しているので、不毛であり、不道徳だというのだ。

あるいは、コンサートの一回性に疑問を投げかけ、録音技術が発達した現代においては、コンサートをすることに意味がないということも理由としてあげられた。

コンサート活動をしなくなった後も、グールドは、音楽活動は継続し、アルバムを録音し、ラジオやテレビでは演奏を披露した。音楽の世界から消え去ってしまったわけではないのである。だが、1964年以降、録音スタジオやラジオ・テレビのスタジオでグールドの演奏を録音したスタッフ以外には、本人の生の演奏を聴くことはできなくなった。決して社交的な人物ではなかったので、友人や知人のなかにも、演奏に接した人間は、いてもごく少数だろう。

さまざまな点でグールドという存在は神秘的である。そのグールドが、1964年以来、55年ぶりにコンサート会場に蘇るのだから、AIグレン・グールドによるコンサートは極めて注目すべきものとなった。

コンサートに用いられたDisklavier自体が、相当なすぐれものである。それを購入すれば、家庭でも、生ピアノの演奏を楽しむことができるのだが、今回のコロナ禍においては重要な働きをした。

ドイツのフライブルグ音楽大学では、ここ15年間、Disklavierを音楽の研究とピアニストの育成のために活用してきたというが、今回は、入学試験の実技に用いられたのである。コロナ禍においては、海外の人間が、ドイツにわたって入学試験を受けることができなくなった。そこで、Disklavierを使って、日本と中国からの受験生の実技試験を行ったのである。

日本と中国、そして試験会場のドイツには、それぞれＤｉｓｋｌａｖｉｅｒが用意されている。それをインターネットで結び、それぞれのＤｉｓｋｌａｖｉｅｒで演奏したデータを送信することで、日本や中国にいる受験者が演奏した通りの鍵盤やペダルの動きが、ドイツのＤｉｓｋｌａｖｉｅｒでほぼ忠実に再現された。そんなことが可能になってきたのである。

ＡＩグレン・グールドは、グールドの代名詞とも言えるゴルトベルク変奏曲の冒頭にある「アリア」を演奏した。このアリアの演奏はグールドを特徴づけるもので、それを聴くだけで幸福な気分になれる。聖フローリアン修道院での演奏会のプログラムでは、Aria from the GOLDBERG VARIATIONS, by J.S.BACH, BWV988, a re-interpretation by Glenn Gould とあった。re-interpretation とは再解釈ということである。

これは、たんにゴルトベルク変奏曲のアリアを演奏したということではなく、グールドが行った独創的な演奏方法を再現したという意味である。

実際の演奏を聴いてみると、グールドの録音とは異なっていると感じる。しかし、耳を傾けていると、そこにまぎれもなくグールドが現れる。グールドが再現したというより、グールドが「再臨」したかのように感じさせた。それを弾いているのは、天に召されたグールドであり、天国とインターネットで結ばれることによって、その演奏が地上で再現されているかのようなのだ。

映像では、聴衆の姿が多く映されているが、その表情は複雑なものに見える。ピアノのところにはグールドはいない。ただ鍵盤が曲をかなでているだけである。

だが聴衆は、グールドの存在を感じているように見える。演奏が終わった後、拍手が起こるまでに若干の間があるが、その間には、聴衆の戸惑いと、驚嘆の念がともに込められているように思えた。ＡＩ美空ひばりとは異なり、本人の映像が伴っていないことで、より演奏者の実在感が増したという印象を受けた。

グールドは、コンサートを開かなくなったわけだから、１９６４年以降のファンは、テレビでの演奏を見る以外は、グールドの演奏する音だけを、オーディオ装置を通して聴いてきた。その音が、Ｄｉｓｋｌａｖｉｅｒによって、生で再現されている。それは、かなり不思議な体験だ。

コンサートを撮影した映像では、ほかに、作曲家でピアニストのフランチェスコ・トリスターノが、ＡＩグレン・グールドとともに、バッハの「フーガの技法」ＢＭＷ１０８０／１８を演奏するところが収録されている。

これはピアノの連弾ということになるが、最初に弾くのはトリスターノの方で、後からＡＩグレン・グールドが演奏をはじめる。つまり、ＡＩグレン・グールドは、トリスターノが弾きはじめたところでそれを瞬時に解析し、相手にあわせて演奏することができるのだ。

これが、ＡＩグレン・グールドが先に弾きはじめ、トリスターノが後から、それに合わせて弾いていくというなら、技術としては単純であろう。だが、ＡＩグレン・グールドの能力は、そうした次元には留まっていないのだ。

グールド本人が２０２０年に生きていたとしたら８８歳である。亡くなったのは５０歳のときで、美空ひばりより、その人生は短かった。

では、８８歳のグールドがいたとして、ＡＩグレン・グールドをどのように思っただろうか。彼は、コンサートを嫌ったが、精力的に録音は行っている。しかも、電子メディアには強い関心を示し、その可能性を高く評価していた。

そうしたグールドであれば、Ｄｅａｒ Ｇｌｅｎｎのプロジェクトが立ち上げられたとき、それに強い関心を示し、むしろ、自分から積極的に協力を申し出たのではないだろうか。

８８歳では、思うように演奏ができない。ならば、これからはＡＩグレン・グールドに演奏してもらおう。グールドなら、そのように考えたに違いない。少なくとも、そのプロジェクトが自分に対する冒瀆だなどとは考えないだろう。グールドがその日、聖フローリアン修道院にいたとすれば、ＡＩグレン・グールドの演奏に盛大な拍手を送ったに違いない。

グールドは、ベートーベンやモーツァルト、ブラームスやシェーンベルクの曲も弾いているが、もっとも好んで演奏したのはバッハの曲である。

バッハは１６８５年に生まれ、１７５０年に６５歳で亡くなっている。日本に当てはめれば、江戸時代中期に活躍したことになる。当時のヨーロッパは絶対王政の全盛期であり、音楽史的にはバロックの時代だった。バッハの死は、バロック時代の終わりを告げるものだったとも言われる。

バッハは、作曲家であるとともに、優れた演奏者であり、1723年から亡くなるまで、ライプツィヒの聖トーマス教会で「カントル」、教会音楽家を勤めていた。カントルは、典礼の際に賛美歌が歌われるときにはオルガンで伴奏し、聖歌隊の指揮もとった。その点では、バッハは、教会における宗教活動の一端を担っていたことになる。

したがって、バッハが作曲した曲のなかには、礼拝のためのカンタータや「マタイ受難曲」など信仰に深くかかわる曲が含まれる。バッハの著名なコラールである「主よ人の望みの喜びよ」は、まさに神を賛美したものである。

ただ、バッハが亡くなってからは、その存在は半ば忘れられたような形になった。再び脚光を浴びるのは、1829年にメンデルスゾーンがマタイ受難曲を指揮して、大きな反響をもたらしてからである。

バッハが教会音楽の作曲家であり、演奏者であった以上、そこには信仰というものが深くかかわっている。教会の典礼は、神を賛美し、人間がその恩寵に預かるための機会である。そこで演奏される、あるいは歌われる曲は、神に捧げられたものである。

もっとも、ゴルトベルク変奏曲や平均律クラヴィーア曲集などの器楽曲は、歌詞を伴わないこともあり、教会音楽とは性格を異にしている。今日では、こうした曲はピアノで演奏されることがほとんどだが、当時は、今日のピアノはまだ存在せず、主にチェンバロやクラヴィコードで演奏された。こうした作品は、演奏者のための練習曲として作曲された。

それは、無伴奏ヴァイオリンのためのソナタとパルティータや無伴奏チェロ組曲についても言える。どちらも、バッハが教会音楽家になる前、宮廷音楽家であった時代に作曲されたものと考えられている。

こうした器楽曲となると、果たしてそこに宗教性が見出されるかどうかということになってくる。

ただ、とくに無伴奏となると、聴く側にも強い集中が求められ、信仰的なものを感じる聴衆は少なくない。求道的な音楽として認識されている。

無伴奏ヴァイオリンのためのソナタとパルティータと無伴奏チェロ組曲は、「無伴奏」と銘打たれており、ただ無伴奏と言っても通じる。だが、無伴奏と銘記するのは日本だけのことで、原曲は、ヴァイオリンの場合には、Sonata と Partita であり、チェロの場合には、Suiten fur Violoncello solo である。独奏とはされても、伴奏がないことが強調されてはいない。

日本では、戦前から無伴奏ということばが使われており、そこには、「無」ということを重視する日本の精神文化が影響している。それも、キリスト教の信者でない日本人でも、バッハの器楽曲に宗教性を見出すからではないだろうか。

日本には、鈴木雅明が率いるバッハ・コレギウム・ジャパンがある。この楽団では、主にバッハの宗教曲を演奏しているが、鈴木は、日本キリスト改革派教会に属するキリスト者である。鈴木は、チェンバロ・オルガン奏者でもあるが、彼がチェンバロで弾く平均律クラヴィーア曲集は、まるで教会音楽のようである。

これに対して、グールドの演奏するバッハからは、そうした宗教性は感じられない。グールドは、あくまで美しい音楽としてバッハを演奏しているのであり、信仰を背景にはしていない。その象徴となるのが、グールドの特徴でもある鼻歌、ハミングである。グールドは、歌いながらピアノを弾いている。それはハミングを披露するためのものではないにしても、ハミングに乗ってピアノが演奏されているのだ。

グールドは、バッハを信仰の世界から解放した。それは、快楽、快感に結びつく音楽であり、教会音楽の対極にあるものなのである。

そこには、チェンバロとピアノとの違いということも深くかかわっている。バッハの時代には、今日のピアノはないわけで、グールドのように演奏しようとしても、そんなことは無理だった。チェンバロでは、均質な音でしか演奏できない。グールドは、多様な弾き方を使い、音量や音質を自在に変化させていく。

バロックなどの古い曲を演奏する場合、その曲が作られた時代の楽器を使うべきだという主張がある。そうした演奏も実際に行われ、アルバムも作られている。

グールドの演奏は、そうした主張とはまっこうから対立するものである。その分、自由であり、現代の人間には合っている。鈴木もチェンバロでゴルドベルク変奏曲を弾いているが、グールドのそれとはまったく別の音楽である。鈴木に、ピアノで演奏してくれと頼んだとしたら、拒絶されるに違いない。

グールドの手によって、宗教の世界から解放されたバッハは、現在においては、さまざまな音楽家によって自由な形で演奏されている。それは、音楽家の意欲を刺激する優れた曲目であるから演奏されるのであって、信仰はそこにかかわっていない。グールドは、バッハを「世俗化」したとも言える。だからこそ、世俗化が著しく進んだ現代において、彼の演奏は広く受け入れられるものとなったのである。

だが、ここが不思議なことでもあるのだが、ＡＩグレン・グールドの演奏からは、宗教性というものが感じられる。それは、ＡＩグレン・グールドの演奏を聴いている聴衆の表情に示されていた。その感想を直接聞いたわけではないが、彼らは、そこにこの世ならぬものが不意に出現したのを目撃し、それをどう受けとっていいのかに苦慮しているようにも見えた。だからこそ、私は、そこにグールドが再臨したと述べたのである。

ルーマニア生まれの世界的な宗教学者、宗教史家であるミルチア・エリアーデは、この世界に聖なるものが出現することを、「エピファニー」としてとらえた。エピファニーは、神が現れることを意味するキリスト教の用語だが、エリアーデは、それをキリスト教だけではなく、世界全体の宗教に応用した。

それに従うならば、ＡＩグレン・グールドの再臨はエピファニーであるととらえることができる。すでに亡くなった天才的なピアニストが、ＡＩの技術を駆使することによって、そこに現れた。姿は見えないものの、透明人間のように、聴衆の目の前でピアノを弾いた。その演奏からは、グールドを感じざるを得なかった。グールド本人の演奏とは異なるところがあったかもしれないが、そこにグールドをまったく感じないということも難しかった。

ＡＩグレン・グールドに宗教性がまとわりついていたのは、一つには、グールドを特徴づけるハミングが欠けていたからかもしれない。そこに物足らなさを感じた聴衆もいたようだ。

しかし、もしＤｉｓｋｌａｖｉｅｒの演奏に、ＡＩが再現したグールドのハミングが重ねられたとしたら、その神秘性、宗教性は薄れていたのではないか。声を聞くことで、グールドではないと感じる人間がより多く現れたのではないだろうか。たとえハミングはなくても、グールドの歌心は、ＡＩグレン・グールドの演奏の奥にあり、それを支えていた。

ＡＩ美空ひばりは、過去のヒット曲を歌ったのではなく、新曲を披露した。グールドは、ゴルドベルク変奏曲は2度にわたってレコーディングしているが、トリスターノと合奏したフーガの技法は録音したことがない。

ＡＩ美空ひばりとＡＩグレン・グールドは、これからも新曲を披露したり、新しい曲を演奏することがあり得る。その点で、二人の死者の演奏活動は、現在でも継続されているのだ。

あるいは、こうした試みに対する反発は、そうしたことが影響しているのかもしれない。故人が依然として演奏活動を継続しているということは、その人間が「生きている」ということに近い。死者が蘇り、生き続けていることへの違和感が、冒瀆ということばを生んだのかもしれない。

ＡＩは、これからも進歩していく。そうなれば、より本人に近いＡＩ美空ひばりやＡＩグレン・グールドが現れることになるだろう。

ただ、ＡＩの技術によって、再臨させるだけの価値のある個性的な音楽家は、それほど多くはないはずだ。美空ひばりやグレン・グールドは、他の音楽家が真似できない領域で音楽活動を展開していた。その個性が際だっているからこそ、再臨させる価値があるのである。

ＡＩ美空ひばりやＡＩグレン・グールドの本当の価値は、彼らが（!?）音楽活動を恒常的に行うようになったときに見えてくるのかもしれない。

そして、ＡＩバッハが開発され、新たな曲を作り出し続けられるようになったとしたら、まさにシンギュラリティが実現されたと言えるかもしれないのである。

第二章 ＡＩの申し子、藤井聡太は神の子なのか

人類はその誕生以来、戦いをくり広げてきた。

日本の歴史を振り返ってみても、縄文時代こそ、それほど激しい戦いがくり広げられたという証拠は発見されていないものの、弥生時代に入るとかなり規模の大きな戦いがくり返されたとされている。考古学の発掘によって、武器が蓄えられ、防御施設が設けられていたことが明らかになっている。また、邪馬台国と卑弥呼のことを記した中国の史書「魏志倭人伝」には、「倭国大いに乱れる」という記述がある。

それ以降、戦いのない時代はなかった。国内だけではなく、朝鮮半島に日本の兵が送られ、そこで戦いがくり広げられたこともあった。豊臣秀吉は、中国の明に攻め入ろうと考えていた。そして、近代に入ると、日本は対外戦争に打って出るようになっていく。

対外戦争が頻発するのは、日本に限らず、世界的なことで、2度の世界大戦を経験した20世紀は「戦争の時代」とも言われた。領土や資源をめぐって、世界各国は武力衝突をくり返した。現在では、世界規模の戦争はなくなったものの、局地戦や内乱は後を絶たない。テロ事件などもそこに含まれる。

兵力がぶつかり合う戦争だけではなく、スポーツも戦いであることにはかわりがない。選手同士は、直接ぶつかり合うこともあるし、記録を競うこともある。世界的に関心が高いサッカーなどは、それぞれの国の威信を賭けた戦いとなり、「代理戦争」と言われる。

戦いには、戦争であろうと、スポーツであろうと、戦略や戦術が必要である。兵力や体力に勝る側がそのまま圧倒的な勝利を収めることもあるが、劣っている側が巧みな戦略や戦術を用いて、不利なはずの戦いに勝つこともある。そうした勝利こそが、往々にして高い評価を得る。日清戦争や日露戦争に勝利したことは、それまで遅れた小国と見なされていた日本に対する評価を高めることに貢献した。

だが逆に、いくら巧みな戦略を立て、独創的な戦術で臨んだとしても、兵力や体力がものを言うことも少なくない。物量作戦の前に、まったく歯が立たないこともある。

その点で、将棋や囲碁、チェスといった競技は、兵力の差や体力の差は関係がない。集中力の差ということは問題になってくるが、それは別の事柄である。

将棋や囲碁、チェスでは、使う道具は問題にならない。将棋盤など、道具は使われるものの、それはすでに用意されているものであり、棋士が個人として用意するものではない。野球のグローブやバットとは、そこが違うのだ。

棋士のなかには、立派な体格をしている者もいれば、そうでない者もいる。だが、そうした点が、勝敗に影響することはない。歴代のタイトルホルダーを見ても、とくに体格の面で一般の人たちに優っているというわけではない。

すべては、将棋や囲碁の棋士、あるいはチェスのプレイヤーの知的な能力にかかっている。知と知が、そのままぶつかり合っている。そこに、こうした競技の特異性があり、最大の魅力がある。

「はじめに」でふれたスタンリー・キューブリック監督の映画「2001年宇宙の旅」には、HALが、宇宙船のクルーの一人であるフランク・プールとチェスをする場面が出てくる。チェス盤は、テレビのモニターに映っていて、プールはそれをのぞき込んでいる。その向こう側にはHALがいて、チェス盤と対戦相手を見つめている。そこでは、次のような会話がくり広げられる。

プール「そうだな、キング……、いや、クイーンがポーンを取る、わかった?」
HAL「ビショップがナイトのポーンを取ります。」
プール「ふんっ、悪手だな。えーと、ルークをキング1へ移動。」
HAL「フランク、申し訳ないですが、あなたは見落としているようです。クイーンがビショップ3へ移動、ビショップがクイーンを取り、ナイトがビショップでチェックメイトです。」
プール「ふんっ、そうだな、お前の言うとおりだ。投了するよ。」
HAL「楽しい試合をありがとうございます。」
プール「ああ、ありがとな。」

このシーンは、この映画におけるAIと人間との関係を象徴するものである。HALは、知的な能力で人間に優っている。それを映画の観客に印象づけているわけである。

「はじめに」では、映画の未来予想が外れた事例をあげたが、この場面は逆に、映画の未来予測が見事に的中した例としてとらえることができる。

「2001年宇宙の旅」は、1969年に公開されたわけだが、その時代には、コンピュータチェスの開発がすでにはじまっていた。1966年には、AIの提唱者であるジョン・マッカーシーとソ連の研究機関のあいだで、コンピュータ同士のチェスの対戦が行われた。

冷戦の時代には、アメリカとソ連はチェスの試合でも競い合っており、アメリカのボビー・フィッシャーが初めて世界チャンピオンになったときには、英雄視された。それは、映画が公開されて3年後のことだった。それまで、戦後の世界チャンピオンはソ連が独占していたのだ。

また、月面着陸は、映画が公開された翌年の1969年7月20日のことであり、宇宙開発においても、アメリカはソ連を圧倒的にリードすることとなった。冷戦下では、知の分野において、アメリカとソ連のどちらが優れているのかが競われていたわけで、チェスもまた、そこに深くかかわっていたのである。

コンピュータがチェスの対戦において、人間の世界チャンピオンに勝利するようになるのは1990年代後半になってからである。その点で、映画の予測は見事に的中した。プールはアマチュアであり、HALがそれに勝利するのは当然だとも言えるのである。

このチェスに比べたとき、それと似たように見える将棋の方が、AIにとっては難しいと言われてきた。チェスの場合には、一度取られた駒はゲームから除外され、新たに打ち直されることはない。

　それに対して、将棋の場合には、取られた駒は、取った側の有力な武器ともなり、再び盤上に打たれる。その分、将棋の方がチェスより複雑で、解析が難しい。

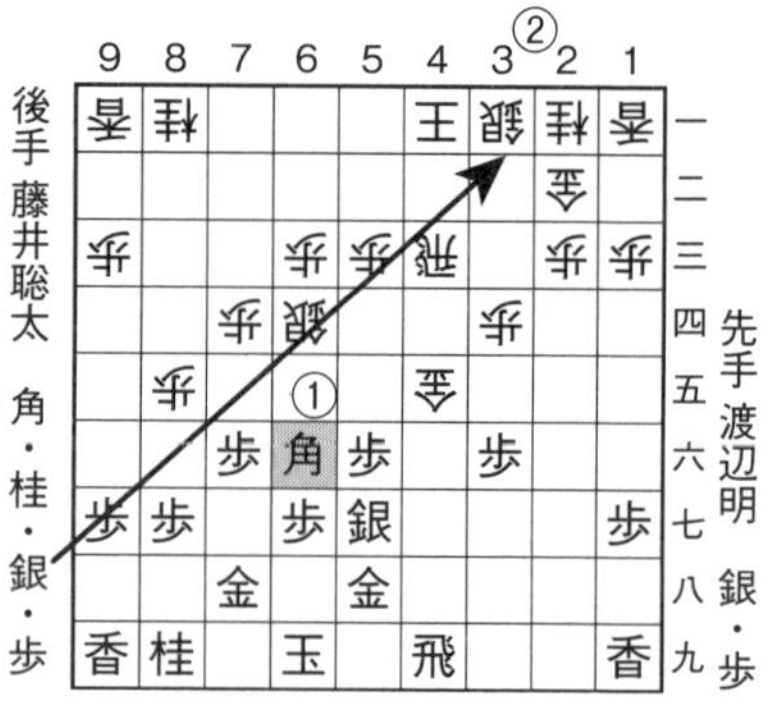

　その点か明確に現れた例として、こちらの局面を見てみよう。藤井聡太現二冠が、先手の6六角に対して3一銀と持ち駒の銀を打ち込んで、世間を驚かせる局面だが、ルール上は168通りの選択手が存在する。仮にチェスと同じく、ただ盤面の駒を動かす選択に限ると30通りと大きく可能性は狭まる。
　したがって、チェスに比較すると、AIによる将棋の開発は遅れた。初の将棋プログラムが発表された1968年から2005年までの間は、プロ棋士がAIに負ける未来などは考えられなかった。
　しかし、2005年に北陸先端科学技術大学院大学の飯田教授が開発した将棋AI「TACOS」と橋本崇載当時五段が対局した際、人類初の敗北かと思われる局面に至った。ただ、それは序盤をデータに依存していたAIに対し、橋本五段があえて突拍子もない手を指したことが原因であり、結果からすれば、プロの終盤力が当時のAIを凌駕していたため、プロ棋士が勝利を納めている。

ところが、この頃から将棋ＡＩは急激な進化を遂げ、２０１３年に行われた第２回将棋電王戦第二局で、公開対局でははじめてプロ棋士がＡＩに敗北している。その後もプロ棋士は大きく負け越し、２０１５年に行われた将棋電王戦ＦＩＮＡＬ（５種類の将棋ＡＩ　ＶＳ　プロ棋士５名の団体戦）では、辛うじてプロ側が３勝２敗で勝ち越したものの、以降はＡＩがプロ側を圧倒するようになった。

第１期電王戦では、初代の叡王となった山崎隆之八段に対し、ＡＩのＰｏｎａｎｚａが二連勝した。翌年の第二期電王戦では、当時名人の座にあった佐藤天彦にやはり２連勝した。Ｐｏｎａｎｚａはプロ棋士に圧勝したのである。

こうした対戦を通して、ＡＩのレベルがプロ棋士のレベルを超えてしまったことが明らかになった。Ｐｏｎａｎｚａの開発者である山本一成は、佐藤天彦を破ったときのインタビューで、「もうそうなると（プロ棋士は）勝てないかな、という印象ですね」と語っていた（『週刊アスキー』２０１７年７月１９日）。

日本将棋連盟会長である佐藤康光も、「今回も第１期も結果が出なかったことに関して、コンピューターソフトの方が一枚も二枚も上手だったということは認めざるを得ないというふうに思っております」と、人間の側の敗北を認めていた（飯島範久「Ｐｏｎａｎｚａ強すぎの第２期電王戦第２局裏話、川上会長が電王戦の成り立ちをぶっちゃける（２／４）」ＡＳＣＩＩ．ｊｐ．２０１７年５月２７日）。

電王戦は、第2期をもって終了となり、それ以降は、プロ棋士がＡＩと公の場で戦うことはなくなった。勝負はついたと、一般にも考えられている。人間はＡＩには勝てないのだ。

電王戦で特徴的だったことは、Ｐｏｎａｎｚａの指し手を現実の盤上で再現するためにロボットが使われたところにある。これは産業用ロボットの一種で、ＡＩそのものが人間と対戦しているかのような印象を与えた。

名人は将棋界の頂点である。当時の佐藤名人はタイトル戦と同じように和服で臨んだ。その佐藤名人が、ロボットの前で、「負けました」と言い、うなだれている姿はとても印象的だった。あたかも、人間がＡＩに知能の面で全面的に勝てないことを認めたように見えたからである。

名人でさえＡＩに勝てないのだから、ほかの棋士が挑んでも、ＡＩに勝利することは難しい。その後も、ＡＩは進化を続けている。現在では、人間は相手にならないということで、ＡＩのソフト同士の世界選手権が続けられている。

戦後を代表する評論家の一人、小林秀雄の著作に『考えるヒント』というものがある。その冒頭には「常識」という文章が収められている。もともとは、『文藝春秋』の1959年6月号に掲載されたものである。

そのなかで小林は、まず、自分が学生時代に、エドガー・アラン・ポーの「メールツェルの将棋差し」というエッセイを翻訳し、探偵小説の専門誌に売り込んだことにふれ、そのエッセイの中身についても紹介している。

ポーが問題にしているのは、トルコ人と呼ばれていた将棋を指す自働人形のことである。ポーは、実際には、そのなかに人間が隠れていて、それが将棋をさしていると主張している。ポー自身が、探偵のように事の真相を推理していたわけである。

小林は、そのエッセイにふれたあと、東大の原子核研究所に知人たちと見学に行ったときのことについて語る。所長が知り合いだったのだが、一行のなかに、その研究所には「電子頭脳」というものがあって、将棋を指すと聞いたという者がいた。その人間は、電子頭脳と将棋を指そうと、研究所に乗り込んでいったのである。

ところが、その話はガセネタで、研究所には将棋を指す電子頭脳は存在しなかった。それで大笑いになったというのだが、小林は、そこで将棋というものについて考えている。

常識で考えたとき、将棋は人間の無智を条件にしている。名人が将棋を指すとき、その読みは深いとされる。たしかに、素人とは読みの深さが違うことは間違いない。だが、名人の読みもたかがしれている。読み間違いがあるからこそ、勝負がつくのであって、もし読みが徹底している将棋の神さまが二人で将棋をさしたらどうなるのだろうか。小林は、そこに疑問を感じる。

そんなことを考えていたとき、小林は、銀座でばったり物理学者の中谷宇吉郎に会った。小林は、中谷に、さっそく自分の疑問をぶつけてみた。

小林は、将棋の神様同士が指した場合のことをあげ、「神様なら読み切れる筈だ」と主張する。すると中谷は、その筈だが、「いくら神様だって、計算しようとなれば、何億年かかるかわからない」と答える。

中谷は、何億年かけて計算すれば、先手必勝か、後手必勝か、それとも千日手になるかが判明すると言う。先手必勝なら、先手を決める振り駒がすべてということになる。小林は、それに対して、結論が常識と一致したので安心したと述べている。

この中谷との問答も踏まえ、小林は、次のように機械と将棋との関係をまとめている。

「機械は、人間が何億年もかかる計算を一日でやるだろうが、その計算とは反覆運動に相違ないから、計算のうちに、ほんの少しでも、あれかこれかを判断し選択しなければならぬ要素が介入して来れば、機械は為すところを知るまい。これは常識である」

小林は、機械が計算することと、人間が考えることとの間には根本的な違いがあり、電子頭脳がいくら発達しても、将棋は指せないと主張しているわけである。それが1959年当時の常識ということにもなる。もし、小林が今日まで生きていて、電王戦で佐藤名人がAIに敗北する姿を目の当たりにしたら、どういった感想を持つだろうか。常識は時代によって変わるとでも言うだろうか、興味の引かれるところである。

小林は、人間の知性のかけがえのない価値を重視している。それが、電子頭脳によって代替されては困るし、そのはずはない。しかし、将棋や囲碁、チェスの世界で、AIが人間に圧勝していくさまを目撃してしまった私たちとしては、考え方を根本から改めなければならない。

ただ、ここが興味深いところでもあるのだが、AIの方が圧倒的に強くなったからといって、将棋や囲碁、チェスの人気は衰えていない。少なくとも日本では、将棋人気は逆に、かつてないほどに高まっている。ＡＩに勝てない人間が将棋を指しても、まったく面白みがわかない。そういうことにはならなかったのである。

そこには、藤井聡太という若き天才の登場がかかわっていることは間違いない。藤井は、史上５人目の中学生棋士で、歴史上、最年少でプロ棋士になった。藤井は、この記録を６２年ぶりに更新した。

その後の戦績はめざましい。

デビュー以来、２９連勝を続け、従来の２８連勝という記録を３０年ぶりに更新した。四段からはじまって五段、六段へと昇段していくが、五段だった期間はわずか１９日である。七段昇段も最年少記録で、２０００年には、まだ高校在学中であるにもかかわらず、棋聖と王位のタイトルを獲得し、やはり最年少で八段に昇段している。

タイトル保持者は、そのタイトルで呼ばれ、二つタイトルをとれば二冠となる。今の勢いからすれば、藤井がふたたび段位で呼ばれるようになるのは、相当に先のことになるだろう。平成の時代には将棋界をリードした羽生善治が七冠を独占したのを超え、現在はタイトルが八つに増えているので、八冠独占という事態も考えられる。

その藤井は、「ＡＩ時代の申し子」、「ＡＩ将棋の申し子」とも呼ばれ、ＡＩとの深い関係が指摘されている。電王戦などが消滅してしまったので、公式の場で藤井がＡＩと対戦したわけではない。だが、彼が将棋の研究にＡＩを活用していることは広く知られている。

本人は、棋聖のタイトルをはじめて獲得した後、次のように語っていた。

「数年前には棋士とソフトの対局が大きな話題になりました。今は対決の時代を超えて、共存という時代に入ったのかなと思います。プレーヤーとしては、ソフトを活用することでより自分が成長できる可能性があると思っていますし、見ていただく方にも観戦の際の楽しみの1つにしていただければと。盤上の物語は不変のものだと思いますし、その価値を自分で伝えられたらなと思います」（日刊スポーツ、２０２０年7月１９日）

ここで藤井は、ＡＩソフトの活用が「観戦の際の楽しみの1つ」と述べていることは事実で、将棋ファンの裾野を広げることに役立っている。

現在では、対戦が放送されたり、その棋譜が配信される場合、「評価値」が示されるようになった。どちらが優勢なのか、それが数値化されて表現されるようになったのである。これはもちろん、ＡＩによるものである。

将棋の対戦時間は、相当に長い。最終的に名人の位を争うことになる順位戦だと、持ち時間は双方6時間である。したがって、戦いが長時間にわたることもあり、翌日未明まで続くということも珍しくない。

さらにタイトル戦になると、２日制のものが全体の半分を占め、その場合には、持ち時間は8時間から9時間になる。名人戦が9時間ともっとも長い。

対局を、プロ棋士の解説を聞きながら最初から最後まで見続けていれば、優勢か劣勢かの判断もつくだろうが、多くの観客は、全部ではなく、部分を観戦する。そのとき、評価値があることで、その時点でどちらの棋士が優勢なのかを判断できるのである。

しかも、一手指すごとに、評価値は変わる。悪い手を指してしまうと、評価値は一気に下がる。また逆に、誰も想像しなかったような絶妙の手を指すと、一気に評価値は上がる。

とくに終盤になると、評価値の上がり下がりは激しくなる。ＡＩは、その際に、合わせて最善の手を示してくれており、観客は、棋士が果たしてそれを選択できるかどうかを固唾を呑んで見守る。最善の手が一つだけしかなく、他の手をさせば、形成が逆転すると場合も少なくない。

地獄と極楽が紙一重であることが、評価値を通して誰にでも分かるようになった。それによって、素人でも、観戦が楽しめるようになり、終盤の攻防への関心は一挙に高まることになったのである。

藤井は、「盤上の物語」と高校生らしからぬ表現を使って述べているが、ＡＩが導入されることで、将棋のエンターテイメント性が格段に高まったことは間違いない。ＡＩが、人間の力を超えたことで、それが可能になったわけだから、ＡＩと人間はまさに共存している。あるいは、「共存共栄」ということばを使った方が事態を的確に表現することになるのかもしれない。

藤井の将棋を見ていると、ＡＩが最善とした手を次々に指していくことのを目撃することになる。対戦相手の棋士は、重要な局面で、最善の手を選ぶことができず、それで評価値を大幅に下げることが多いのだが、藤井はそれが極端に少ない。彼は、終盤において、自分の玉が詰まないことをはっきりと読んだ上で、相手の玉を詰ませる手筋を読み切っていることが多く、最善の手以外を指さなくなっていくのである。

将棋の世界でＡＩを活用するようになった棋士として先駆的な人物に千田翔太七段がいる。千田は１９９４年生まれで、まさにデジタルネイティブと言えるが、将棋ソフトの存在は小学校のときから知っていたという。それを活用するようになったのは、まだプロになる前の２０１２年からで、プロになって1年が過ぎた１４年6月から本格的に活用するようになったという。

それは、佐藤天彦当時名人がＡＩに敗れた電王戦の3年前ということになるが、その時点でも、強いソフトはいくつもあり、千田は人間には歯が立たないと感じていた。そこで、練習の際に、人間の棋譜を並べることを減らし、１４年の8月、もしくは１０月には思いきってゼロにしたという（朝日新聞、２０１９年5月２２日）。

佐藤天彦を破って名人位についたこともある豊島将之も２０１４年からＡＩによる研究にシフトし、練習で人間相手には指さなくなった。ただ、最近では、人間同士で指すことを再開しようとしている（スポーツ報知、２０２０年9月１２日）。

ちなみに、藤井に対してＡＩの活用を勧めたのは千田である。このように、ＡＩを積極的に活用し、それで成果を挙げている棋士たちが次々と現れており、その一人が藤井であるということになる。

藤井は、連勝記録や最年少記録で注目されてきたが、将棋の内容という点でも、他の棋士をうならせる手を指すことで高く評価されている。

たとえば、２０１９年４月に発表された第４６回将棋大賞では、竜王戦ランキング戦５組決勝において、石田直裕五段相手に藤井が指した「７七同飛成」という一手が、升田幸三賞を受賞している。

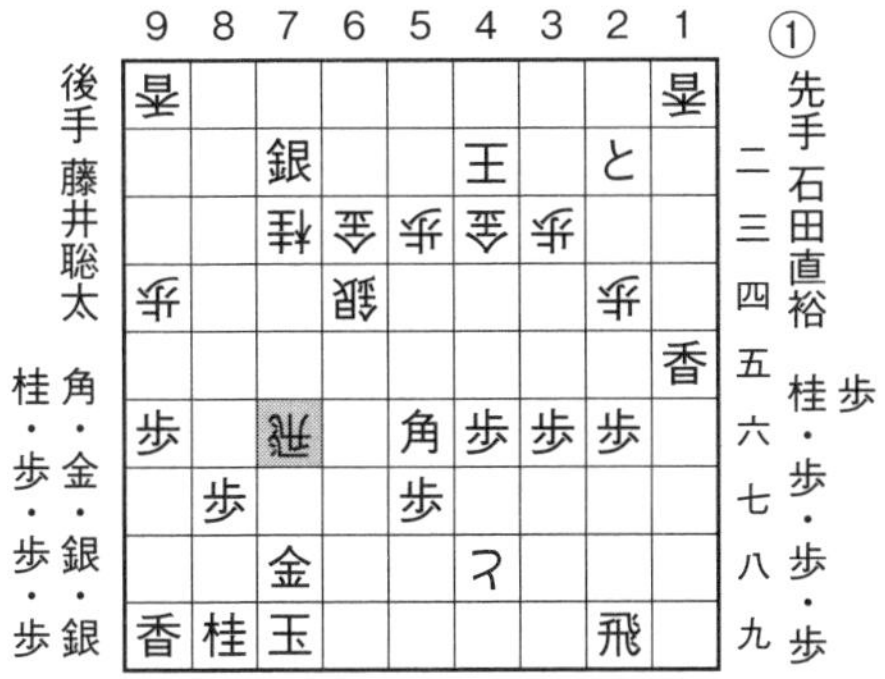

この局面は藤井が不利と見なされていたが、③においては、通常は将棋の駒のなかでもっとも

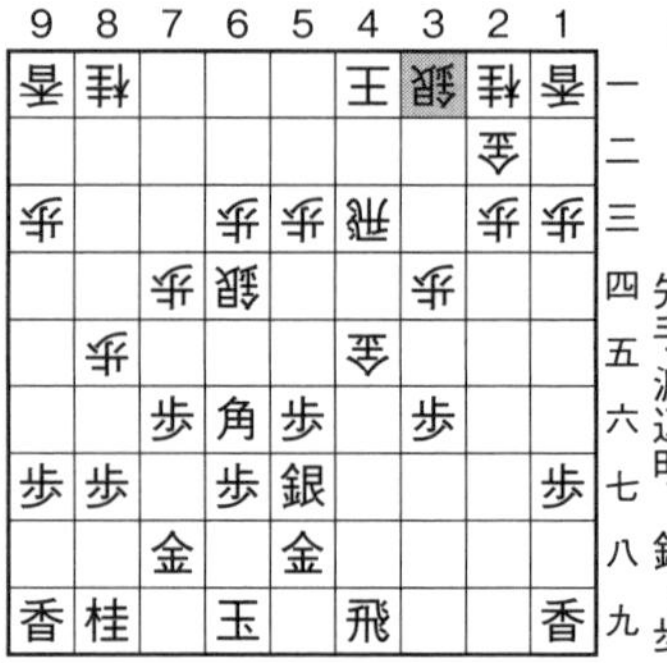

強力とされる飛車を、最も価値の低い歩と交換し、そこから相手の玉に迫っていくという大胆な指し手となったのである。

もちろんこれだけではない。

とくに初めて棋聖のタイトルを獲得した5番勝負の第2局において指した②の「3一銀」という手は、他のプロ棋士でさえ予想できなかった衝撃の一手と言われている。

対戦相手となった渡辺明は、その日の夜のブログで、「3一銀は全く浮かんでいませんでしたが、受け一方の手なので、他の手が上手くいかないから選んだ手なんだろうというのが第一感でした」と言い、「感想戦では3一銀の場面は控室でも先手（渡辺）の代案無しということでしたし、控室でも同じように意表を突かれたと聞いて、そりゃそうだよなと納得したんですが、いつ不利になったのか分からないまま、気が付いたら敗勢、という将棋でした」とつづっていた。

3一銀は、指されたときには優れた手には見えなかったが、対局が進んでいくと、相手には手の施しようのない状況を生んでいく不思議な手だったのである。

プロ棋士の西川和宏六段は、そのあたりのことについて、３一銀は「一見、粘りにいくような手で、形勢がいいときに指す手にはみえなかったのですが、進んでいくと形勢がよくなっており、不思議な感覚でした」と語っていた（デイリースポーツ、２０２０年６月２９日）。

しかし、この手がいかに優れたものであるかを印象づけたのは、その日の夜に発信された一つのツイートだった。

それは、２０２０年の世界コンピュータ将棋オンライン大会で優勝した「水匠」の開発者である杉村達也によるものだった。

杉村はそこで、「本日の棋聖戦の藤井七段の５８手目３一銀は、将棋ソフト（水匠２）に４億手読ませた段階では５番手にも挙がりませんが、６億手読ませると、突如最善手として現れる手だったようです」と述べていた。このツイートは、たちまち拡散され、藤井は「ＡＩを超えた」と評されるようになったのである。

しかも、ＡＩが６億手読まなければ到達できない手に、藤井はわずか２３分しか時間をかけていないのだ。このことは、これからも「藤井伝説」として語り継がれていくことになるだろう。

藤井自身は、この３一銀について、候補手はいろいろある局面だったが、「自分なりにその局面をしっかりとらえて指せたことはまあ良かったのかなと」述べていた（日本テレビ、２０２０年７月２３日）。ここには、正確な読みの上に指された手であることが示されている。

しかし、これで藤井がＡＩを超えたとは単純に言うことは難しいだろう。将棋は、プロ、アマ問わず、毎日無数に指されている。そのなかには、３一銀のように、ＡＩが簡単には読み切れない手もあるに違いない。少なくとも、プロが指すあらゆる棋譜が検討された上で、藤井の手が評価されているわけではない。

むしろ問題になってくるのは、藤井のあり方が、他の棋士とどのように違うかということだろう。

もちろん、読みの正確さ、深さというところでは、ほかのプロ棋士をうならせる実力を示してきた。その点について佐藤天彦は、「算数の四則計算に例えてみれば、他の棋士が計算力を駆使して『240ぐらいだ』と概数で計算値を割り出すのに、藤井さんだけは『241・51だ』みたいに、小数点第2位くらいまできっちり答えてくるような」と述べている（ＡＥＲＡ、2020年7月13日号）。

そうした読みの正確さ、深さがあるからこそ、他の棋士が思いつかないような手を指すわけである。しかし、それを指摘するだけでは不十分だろう。棋士も人間であり、そこには精神的なものが深くかかわってくるはずだからである。

藤井の精神的な力の特異性は、二つ目のタイトルとなった王位戦の封じ手において見られたものだった。

藤井は、王位の座にあった木村一基に4連勝し、タイトルを奪取するが、その第4局の封じ手は「８七同飛成」というものだった。王位戦は2日にわたって行われるもので、1日目の最後の

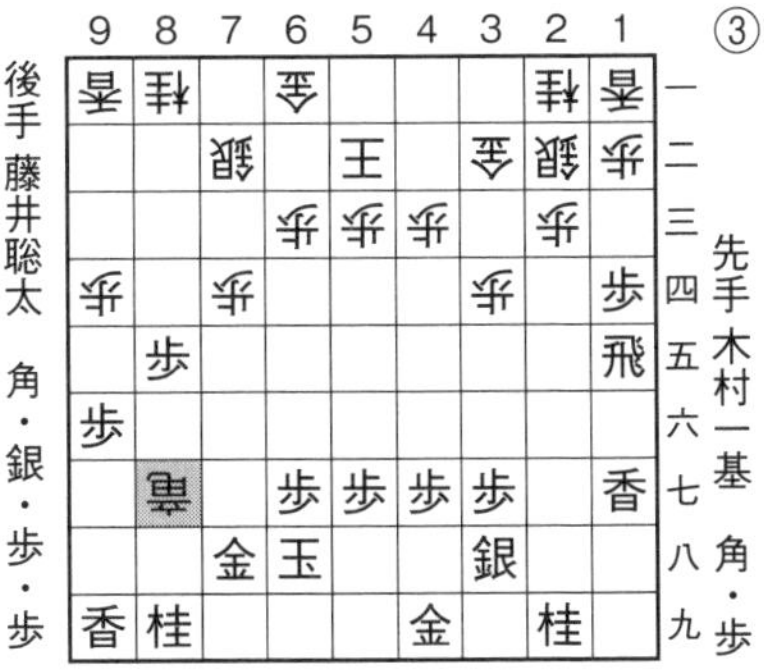

手が封じ手となる。

この局面、先手だった木村は、藤井の飛車を取るために銀をぶつけた。普通なら、飛車が重要な駒である以上、②のように、「２六飛」と逃げるはずである。

ところが、藤井は、③のように、飛車で銀を取った。そこには金が待ち構えていて、飛車は取られてしまう。実際、飛車と銀とが交換されることとなった。

これは、竜王戦の「７七同飛成」と似ている。その再現であるとも言える。だが、ＡＩは、すでに「８七同飛成」を最善の手として示しており、藤井の読みはＡＩの読みと合致した。人間の棋士は驚いたが、ＡＩからすれば、藤井は当然の手を指したことになる。

飛車を取られたら困る。それは、素人が将棋を指すときにも思うことである。それだけ縦横に自由に動ける飛車の価値は高い。それは、プロにとっても同じで、どの駒の価値が高いかでは、共通の了解が成立している。

たとえば、１７世名人の資格を持つ谷川浩司は、『谷川浩司の本筋を見極める』（ＮＨＫ出版）という著作のなかで、歩1点、香3点、桂4点、銀5点、金6点、角8点、飛車１０点としている。飛車がもっとも価値が高いというわけである。駒に与える点数は、棋士によって異なるが、順番は基本的に変わらない。

谷川のレイティングに従えば、飛車と歩の交換は、9点も損することになる。銀とでも5点の損である。藤井は、あえてそれを選択したのだ。そして、ここが決定的なところだが、それ以降、戦いを優位に進め、勝利を収めている。いくら意表を突く手を指したとしても、それが勝利に結びつかなければ意味がない。

将棋では、一手間違った手を指してしまうと、それが致命傷になり、そのまま負けになってしまうことが少なくない。そのことは、すでに述べたように、ＡＩの評価値が示されるようになったことで、素人にもよく分かるようになった。一手で、それまで優勢だった側が、一挙に劣勢になってしまうのだ。

したがって、棋士は指し手の選択に細心の注意を払うわけで、そこで大胆な手を思いついたとしても、それを指すことに躊躇を覚えることも少なくないはずである。最終的に結果がどうなるのか、それが分からず怖いからである。藤井には、その躊躇いがないように見受けられるのだ。

その点について、ライターでラジオのパーソナリティーでもある速水健朗が北海道新聞デジタル編集委員の田中徹と対談したときに、次のようなやり取りをしている。田中は、ＡＩと将棋について取材を重ねてきている。

速水　ＡＩ世代の棋士とそれ以前の世代では何が違うのかという中で、「怖さを感じるかどうか」という話があるそうですね。

田中　藤井さんの将棋を解説する棋士の方々がしばしば言うのは「これ怖い手だよね」とか「なかなかこれ指せないよね」ということなんです。確かにいい手かもしれないけれども、ひょっとしたら自分が大逆転されるんじゃないかというような手なんですけれども、実はこれってＡＩに近いんです。やっぱり人間はどうしても本能的に守りたがるらしいんですよね。ただ藤井さんはＡＩ的に割と攻めていくという感じで、経験を積んだ人ならむしろ怖くて「ちょっと…」と思う手を指していけるところがあるということは色んな方がおっしゃっていますね（Ｓｌｏｗ　Ｎｅｗｓ　Ｒｅｐｏｒｔ、２０２０年８月１９日）。

藤井は若い。棋聖と王位の二冠に輝いた時点で18歳1カ月だった。一般的に言っても、若いということは恐れを知らないということであり、藤井はまさに、そうした若さの特権を生かしているということにもなってくる。

しかし、より深く考えていくならば、若さだけが藤井の大胆さを生んでいるのではないことが分かってくる。

勝負に臨むということは、とても難しく、大変なことである。スポーツの世界では、最近とくに「メンタル」との重要性が指摘されるようになった。技術も重要だが、戦いに臨んで、いかに平常心を保てるかということの方がはるかに勝敗を左右する要素になる。そのため、現在では、「メンタルトレーニング」が当たり前のように導入されている。

それは、将棋についても同様である。実際、メンタルトレーニングを行っている棋士もいる。

逆に、メンタルの弱さが、大事な局面で顔を出してしまうようなこともある。

それについて、藤井に王位のタイトルを奪われた木村一基は、七度目の挑戦ではじめてタイトルに届く前のインタビューで、次のように述べていた。

「1日目の夜に寝ておかないと、2日目の勝負所に反動がきます。それでうっかりミスが出やすくなります。わかってはいても思うようにはいかず、気持ちが高ぶっていろいろなことを考えてしまうんです。3年前に挑戦した時も5局目まではよく眠れてコンディションは完璧だと思っていましたが、タイトルまであと1つになるとダメでした」(文春オンライン、2019年7月

３日）

３年前とは、王位戦で羽生善治に挑戦したときのことをさす。そのとき、５局が終わった時点で、木村は3勝2敗だった。ところが、後の2局で連敗し、念願の初タイトルを逃したのだ。なぜ、最後に眠れなくなってしまうのか。それは、結果を求めてしまうからである。誰でも、後一歩で戦いに勝ちをおさめることができるとなれば、緊張し、眠れなくなってしまう。これが、１日制のタイトル戦なら、起こりにくいかもしれないが、やはり後一勝ということになれば同じだろう。

こうした壁を乗り越えて、タイトルを獲得したとしても、そこからがより難しいとも言える。タイトルをとることによって、世間の扱いが大きく変わるからである。

藤井が１７歳11カ月で棋聖のタイトルを取るまで、最年少記録を持っていた屋敷伸之は、藤井と同様に棋聖の座についた。そのとき屋敷は１８歳６カ月だった。そのときのことについて、屋敷は次のように述べている。

「タイトル保持者は、イベントやセレモニーでは、一番手で迎えられます。心地よさはありましたが、居心地の悪さもありましたね。１０代なのに、大先生たちの上座に座ることが多くなりますから……。（将棋の）勉強時間は、かなり減りました」

しかも、収入も増える。屋敷は、「当時の私は、ちょっとした満足感で気の緩みも出ていたかもしれないですね」と語っている。

酒もよく飲んだようで、周囲からは「20代のころにお酒とボートレースを控えていたら、もっとタイトルを獲れていたのでは」と言われるという（Smart FLASH、2020年7月9日）。

何か、坂田三吉に代表される昔の「将棋指し」を彷彿とさせるような話だが、屋敷は、棋聖のタイトルを一度は防衛するものの、その後は低迷が続き、棋聖のタイトルを奪い返すのに7年かかっている。

プロの棋士を目指すのは、幼い頃から将棋を指すことが楽しく、またそこに自分の才能があると見定めるからである。

しかし、プロは賞金を争うもので、職業の一つである。多く賞金を稼ぐことができれば、自ずと生活は豊かで華美なものになり、場合によっては浪費することもある。逆に、そうした欲望が、タイトルを奪い、それを守り通すことの原動力にもなっていく。プロ棋士も人間なのである。

その人間という側面が、勝負の最中にも顔を出すことがある。

それは、1995年に森下卓当時八段が、名人戦で羽生に挑戦したときのことである。その第1局の2日目、勝敗はすでについているような状況だった。森下の方が勝ちに近づいていて、羽生はいつ投了してもおかしくはない状況に追い込まれていた。それでも羽生は指し続けていた。

森下は、「もう勝負はついている。なぜ、投了しないのか……」と考えていた。「羽生さんあなたは名人だろう！　いい加減投げるべきだ」とさえ思っていた。

形勢は、他者の目からも明らかで、対局を解説していた会場でも、これ以上は解説の意味がないと打ち切られてしまっていた。ホテルのロビーには、終局を見越して、カメラマンたちも集まっていた。

森下には、対局場に紛れ込んでいた小さな羽虫が気になっていた。そして、森下には、対局が終わったら、つまりは自分が勝利を収めたら、電話をかけようとしていた相手がいた。相手は恋人なのだろう。そうしたことが気になって、一向に投了しようとしない羽生に苛立っていたのだ。

そのとき森下は、最悪の一手を指してしまった。そのわずか１０分後に、森下は負けていた。これは、タイトル戦史上に残る大逆転劇だった。

森下自身が分析しているところでは、羽生は、そうした森下のこころの揺れを読んでいたのではないかと言う。それは、このタイトル戦で唯一森下が勝った第三局で、羽生が簡単に投了したところに示されていた。この第三局は、森下にとって「後先のことを考えず、全身全霊をかけて戦えた1局」だったというのである（Number Septenver 2020）。

これは、極めて人間的なエピソードであり、棋士も人間であることをはっきりと伝えてくれている。長い対局の間、すべてを将棋に集中できるわけではない。こころの隙というものが生まれる危険性があり、それが勝負の分かれ目ともなってくるのである。

藤井も、勝負に負けたときには、悔しさをあらわにするような態度をとることはある。機械ではないので、表情が変わらないというわけでもない。子どもの頃には、敗戦で泣きじゃくったというエピソードには事欠かない。

だが、戦いに臨むにあたって、素晴らしい将棋は指したいと語るものの、勝負について執念を燃やしているような発言をすることはない。

タイトル戦ともなれば、それに勝ちたいという思いが湧き上がり、獲得したとなれば、勝利したことに歓喜したとしても不思議ではない。

ところが、藤井からは、そうしたものが感じられない。師匠である杉本昌隆も、藤井がタイトルを取った後会っても、その話にほとんどならなかったと、どこかで語っていた。関心がないというのだ。

もちろん、藤井がこころの底でどういったことを考えているのか、タイトル獲得後それほど多くのインタビューに答えているわけではないので、その点はよく分からない。

ただ、タイトル戦だからといって、普段と変わらないように見えるし、周囲が騒ぐ最年少記録の数々などには、まったく関心を示していないことは明らかだ。

二冠を獲得した直後の会見では、「将棋界を代表する自覚が必要になるのかな」と語っていた。これは、あまりに優等生的な発言とも言えるが、藤井にはそう思わせないところがある。彼は今後についても、「自分もいい将棋を指せるよう頑張りたい」と言うばかりである(スポーツ報知、2020年8月20日)。

ただただ強くなるために将棋を指している。それは、当たり前のことのようにも思えるが、難しいことである。人間どこかで、我や欲といったものが顔を出す。

将棋にかんしてＡＩと人間とを比較したとき、もちろん、読みの能力の違いということもあるが、ＡＩには恐怖心というものがないことが重要な要素としてあげられる。それも、ＡＩは勝ち負けにこだわってはいないし、失うものをもってはいないからだ。

実は、「２００１年宇宙の旅」においては、ＡＩが恐怖心を示す場面がある。それは、ＨＡＬに異常を感じたディスカバリー号のボーマン船長が、ＨＡＬを機能させているモジュールを次々に引き抜いて、機能を停止させようとしたときのことである。

ＨＡＬは、「怖い。怖いよデイブ（ボーマン船長の愛称）。デイブ、私の意志が無くなっていく。感じる、感じる事が出来る。意志が無くなっていくんだ。疑いようがない。感じる、感じる、感じる…。私は怖が…ってる。」と言いながら、機能を停止させていくのである。

ＡＩについては、感情をもちうるかどうかということが、当初から一つのテーマになってきた。たとえば、手塚治虫作の「鉄腕アトム」では、アトムが自分に感情というものがないことを嘆く場面が出てくる。嘆くということは、感情にもとづくものとも言えるが、アトムが泣けないのは事実である。その点では、ＨＡＬの方が、アトムより人間的なものとして描き出されていると言えるかもしれない。

勝負において、恐れの感情がないということは利点として働く。最善の手を思いついても、それが指せないということがないからだ。大事な場面で恐れを感じるのは、その勝負に勝たなければならないという欲が出てくるからである。その欲を、藤井から感じることがないのである。

となると、藤井は人間ではないということにもなってしまうが、勝負から離れたときには、ただの若者の一人である。キノコが苦手で、食事を頼むときに「キノコ抜き」とするところにも、それが示されている。


となると、将棋を指しているときの藤井と、普段の藤井とは区別しなければならないということになる。普通は、森下の話が示しているように、余計なことが将棋を指している局面にも影響する。その結果、集中力が削がれたりするのだ。

藤井の場合には、将棋に集中する能力が格段に優れていて、そこから意識が逸れるということがないのかもしれない。それは、森下のこころの揺れを察知した羽生にも共通する。

藤井は、「神の子」と呼ばれることもあり、神の領域に入っていると指摘されることもある。

シンギュラリティが訪れ、ＡＩが人間の知性を超えたとしたら、それは、ＡＩが神に近づいた、あるいは神になったということを意味する。人間以上の知性を備えた存在は、神以外にあり得ないからである。

そうなると、そのＡＩの申し子である藤井は、たしかに神の子であるということになる。実際、この章で見てきたように、その証拠には事欠かない。

では、本当に藤井は神の子なのであろうか。

そのことを考えるには、そもそも神とは何かということを明らかにしていかなければならない。それが明らかになったとき、ＡＩが神になりうるのかという問題にも答えを出すことができる。

そして、その後には、藤井の発揮する神の子としての能力が、いったいいかなる性格を持つものなのかを検討していかなければならない。それもまた、宗教の世界と深くかかわってくるはずなのである。

第三章 そもそも神とは何なのか？

2045年に起こるとされているシンギュラリティは、日本語では「技術的特異点」と訳される。シンギュラリティには、たぐいまれなこと、非凡の意味があるので、特異性よりも卓越性ということばを使った方が、その意味を理解しやすいかもしれない。

このことばの提唱者であるレイ・カーツワイルは、シンギュラリティをAIの能力が人間の能力を超える時点としているわけではない。彼は、10万円程度で手に入るコンピュータの性能が全人類の脳の計算性能を上回る時点という形で定義している。

しかし、一般的には、シンギュラリティによってAIの知能が人間を上回るようになると漠然と考えられている。人間の知能を超えるということは、人間以上の知能を備えた存在が神しかいない以上、AIが神になる、あるいはAIが神に近づくということを意味する。

では、そこで言う神とはどういう存在なのだろうか。ここでは、神とは何かということについて改めて考えてみたい。

世界の歴史を振り返ってみたとき、何らかの神を信仰しない社会、神を持たない民族というものを見出すことはできない。その点で神は普遍的な存在である。

しかし、私たち日本人が信仰している神と、キリスト教やイスラム教といった一神教で信仰されている神とは、そのあり方が大きく異なっているように見受けられる。

日本には土着の神道があり、それは長い歴史を経て現代にまで受け継がれている。神道の特徴は、さまざまな神々が信仰されていることにある。それは一般に多神教と呼ばれる。多神教は、日本にだけ見られるものではなく、中国やインドも基本は多神教である。現在では、キリスト教やイスラム教を受け入れている国々であっても、一神教が取り入れられる以前は多神教であった。古代文明を考えてみれば、どの文明も、さまざまな神々を信仰の対象にしていた。国や地域によっては、そうした古代的な信仰が今日にまで受け継がれていることもある。

では、一神教における神とはどういう存在なのだろうか。最初にそれを考えてみたい。

一神教における神について考える際に、ここでは、「はじめに」や2章でふれた映画「2001年宇宙の旅」をもとにして考察を行っていきたい。そこでは、神とAIとがどのような関係を持つかについても暗示されているからである。

「2001年宇宙の旅」の基本的なテーマは人類の進化である。そのことは映画の冒頭に示される。

そこでは、400万年前の人類の祖先が登場し、その生活の様子が示されるが、決定的な転機となるのは、彼らが動物の骨を武器として利用することを知り、それによって敵を撃破したときである。人類は、武器という道具を用いることができる存在へと進化したのだ。

その進化を促したのが、映画のなかでくり返し登場することになる黒い石板、「モノリス」である。映画のなかではっきりと説明されているわけではないが、モノリスは、人類の祖先を感化し、彼らに武器を使うことを教えたかのように見える。

動物の骨を武器として使えるようになった人類の祖先は、相手を打ちのめすことに喜びを見出している。そして、その一人が空にほうり上げた骨は、宇宙にまで飛んでいき、細長い宇宙船に変化する。映画を見ただけでは分からないのだが、その宇宙船は、脚本では、核兵器を搭載した軍事衛星とされている。この印象的なシーンに込められたメッセージは明らかである。動物の骨という素朴な武器は、やがて人類全体を壊滅する力を有する核兵器を生むことにつながっていく。モノリスが、そうした進化を促したのだとすれば、その意味について考えないわけにはいかない。

次にモノリスは月で発見される。それは1999年のこととされるのだが、異常な磁気が発せられているため、そこを発掘すると、モノリスが発見されたのだ。

さらに、モノリスは、ディスカバリー号が到着した木星の衛星軌道でも発見される。それを目撃するのは船長のボーマンである。それは、この映画でもっとも印象的なシーンで、また議論を呼んできた部分でもあるが、彼はそこから光の奔流に呑み込まれてしまう。

その果てにあるのは白い部屋で、ボーマンはそこで自らが老いていく姿を目撃する。老いが死へと結びつこうとする刹那にモノリスが現れる。老いさらばえてベッドに横たわるボーマンがそれにさわろうとすると、彼は光に包まれた胎児に変貌する。それは、人類が一旦死に、新たに再生されことを象徴するスターチャイルドなのである。

この映画が、人類の進化、新しい人類の誕生ということをテーマにしていることは、さまざまな形で示唆されている。

ディスカバリー号に登場した科学者は、テレビ電話をかけ、娘の誕生日に不在であることをわびるし、別の搭乗員にはその両親から誕生日祝いのビデオ・メッセージが寄せられる。

そして、ＨＡＬが人間に逆らったため、その機能を停止させられるとき、ＨＡＬは、イリノイ州ウルバナのＨＡＬ研究所で１９９２年1月１２日に運用が可能になった、つまりは誕生したことを語り出すのである。

人類に進化をもたらすモノリスとはいったい何なのか。それはこの映画の最大の謎だが、ここで問わなければならないのは、では、進化を起こさせる主体は何なのかということである。

人類を進化させる力を持つ者があるとしたら、それは、人類を創造した神以外には考えられない。となればモノリスは、その神の力を人類に及ぼすための媒介であるということになる。

モノリスから連想されるのが、旧約聖書においてモーセが神から授けられた「十戒」のことばを刻んだ石板である。監督のキューブリックと、彼と共同で脚本を書き上げたＳＦ作家のアーサー・クラークは、それをモデルにしたに違いない。

旧約聖書は、キリスト教における聖典であり、新約聖書とセットになっている。新約聖書はイエス・キリストの事績を伝える「福音書」が冒頭に収められており、以下、イエスの弟子たちの事績を記した「使徒行伝」、使徒の代表であるパウロなどの書簡、そして「黙示録」へと続いていく。

したがって、新約聖書は、イエス・キリストを神の子として信仰するキリスト教に特有のものだが、旧約聖書の方は、もともとはユダヤ教の聖典であるトーラーに発している。トーラーは、旧約聖書の冒頭に収められている「創世記」、「出エジプト記」、「レビ記」、「民数記」、「申命記」の五つの文書からなる。これは、「モーセ五書」とも呼ばれる。

旧約聖書に収められた他の文書も、やはりユダヤ教の聖典であるタナハに収めれていた。キリスト教では、そこに記されていることは神との間の旧い契約であり、イエス・キリストの出現によって新たな契約が結ばれたとする。この考え方にもとづいて旧約聖書と新約聖書が区別される。

モーセの十戒の最初は、「あなたはわたしのほかに、なにものをも神としてはならない」であり、そこに神が唯一の存在であることが示されている。ユダヤ教に対して後発のキリスト教やイスラム教は、この神についてのとらえ方を踏襲している。どちらの宗教においても、神は創造神であり、唯一絶対の存在としてとらえられている。

神が世界をどのように創造したかは、「創世記」の冒頭に記されている。神は、「光あれ」と言い、光と闇とを二つに分かつところから世界の創造をはじめる。そして、最後に人間を創造し、人間に「海の魚と、空の鳥と、家畜と、地のすべての獣と、地のすべての這うものとを治めさせよう」と宣言するのである。

ただ、注意しなければならないのは、その前の部分である。神は、「われわれのかたちに、われわれにかたどって人を造り」と述べている。ここで神は単数ではなく、複数で表現されている。なぜ複数なのかについては、さまざまな議論があるが、人間が男女に分かれており、それが神をかたどるものであるとするなら、神もまた男女に分かれている可能性が考えられる。それは、日本の国土を創造した伊邪那岐命と伊邪那美命、あるいは、中国の神話において、地上に現れた最初の男女である伏義と女媧のことを思い起こさせる。

「創世記」の物語を生んだユダヤ人の間でも、最初、神は男女のペアとして考えられていたのかもしれない。男女の神が創造したがゆえに、人間も男女のペアになった。そうした神話が存在したのかもしれないのである。

しかし、世界の創造が男女ペアの神からはじまるのだとしたら、それは一神教とは言えない。神に男女が存在するということは、創造という行為が性の営みを通して行われるような話に発展してしまう可能性が高くなる。それは、まさに伊邪那岐命と伊邪那美命の物語が示すところである。

そこが、ユダヤ教における重大な発明ということにもなるのだが、創造の主体は男女のペアの神ではなく、単一の神であるとされた。それによって一神教が誕生したのである。

ただし、神が唯一で絶対の存在であることが強調されるようになると、そこに一つ、重大で解決が困難な問題が浮上する。

唯一の創造神である神は、絶対的な善である。そうでなければ、人々は神を信仰しない。神が絶対の善で、人間に幸福をもたらすものであるからこそ、人間はその力に頼り、神を信仰し続けるわけである。

にもかかわらず、地上には悪が常に出現し、はびこっている。なぜ絶対の善なる神が創造した世界に悪が存在するのか、それは一神教において必然的に生み出されてくる根本的な問いなのである。

この問いに答えることは容易ではない。もし地上に悪をもたらす存在を、神とは別に設定するなら、それは二元論の立場にたつことを意味する。たしかに一神教では、神を唯一絶対の存在として信仰する一方で、悪をもたらす存在として悪魔の存在が想定される。それは、ユダヤ教でもキリスト教でも、さらにはイスラム教でも見られることである。

では、悪魔とは、いかなる存在なのか。それは、創造が行われた当初から存在するものなのか。もしそうであれば、神の唯一性が脅かされてしまう。

そこで持ち出された解釈が、悪魔とは天使が堕落したものだというものである。悪魔は堕天使だというのだ。つまり、悪魔は最初から存在したものではなく、途中で天使が堕落することによって生まれたものだというのである。

しかし、そうなると、神はなぜ天使が堕落することを許したのか、それを放置したのかということが問題になってくる。キリスト教神学においては、天使は自らの自由意志で堕落したとされ、そこには神の働きはなかったことになっている。果たしてそれで、善なる神が創造した世界に悪が存在する理由を十分に説明できるのか。その問いは、あまりに根源的であり、究極的な解決ははかられていないとも言える。

さらに、あくまで神の唯一性、絶対性を強調しようとすると、神による創造自体に対する疑いが生まれかねない。それは、「2001年宇宙の旅」にも暗示されている。

すでにふれたように、この映画の冒頭では、人類の道具の使用が、実は武器の使用であり、それが究極的には核兵器を搭載した軍事衛星の誕生へと結びついていくことが示されていた。

人類は、2章の最初にも示したように、その誕生以来、仲間同士で争い、ついには膨大な犠牲者を生む世界大戦に行き着いた。世界大戦がふたたび起こる可能性は低いものの、局地戦はくり返され、軍備の拡張も続いている。

その点から考えれば、「2001年宇宙の旅」に示された人類の進化は、果たして好ましい出来事なのかが問題になってくる。モノリスを生んだのは、あるいは操作しているのは、善なる神ではなく、悪魔かもしれないのである。

そのことは映画で使われる音楽によって暗示されている。

それが、冒頭と最後の2箇所で登場する「ツアラトストラはかく語りき」の曲である。この曲はリヒャルト・シュトラウスが作曲したもので、演奏はカール・ベーム指揮のベルリン・フィルハーモニー管弦楽団だが、この曲の題名は、ドイツの哲学者のフリードリヒ・ニーチェの同名の著作に由来する。

ツアラトストラとは、ペルシアに生まれたゾロアスター教の開祖、ゾロアスターのことで、それをドイツ語読みしたものである。

ニーチェは、「ツアラトストラはかく語りき」のなかで、ゾロアスターの宗教思想について説明を加えているわけではなく、自らの哲学思想をゾロアスターに仮託させて語っている。

ニーチェは、「悦ばしき知識」という著作のなかですでに「神の死」について言及していたが、「ツアラトストラはかく語りき」では、ゾロアスターに神の死を何度も叫ばせている。

ここでニーチェが、神の死、つまりはキリスト教の信仰の無意味さを宣言する役割をゾロアスターに担わせたのは、決して偶然のことではなく必然的なことであった。

というのも、ゾロアスターの教えの核心には善悪二元論が存在するからである。ゾロアスターは、この世界においては、善なる神と悪なる神との戦いがくり返されてきたと説いたのである。

そのゾロアスターに由来する曲が、「2001年宇宙の旅」のテーマになっているということは、人類の進化を、この映画が必ずしも好ましい出来事としてはとらえていないことを意味する。もしかしたらそれは好ましからざる出来事であり、その背後には悪の力が潜んでいるかもしれないのである。

HALが暴走したのは、その使命が、ディスカバリー号の乗員に協力することにありながら、月で発見されたモノリスについて乗員に話してはならないと命令されたため、ダブルバインドの状況におかれたからだと解釈されている。

しかしそこにモノリスからの直接の影響があったのではないかとも考えられる。映画のなかでは、その点について説明はされていないが、全体の流れからして、HALの暴走とモノリスの出現との間に、何からの関係があっても不思議ではないのだ。

一つここで考えておかなければならないのは、ＨＡＬには誕生日があるということである。誕生日があるということは、何者かによって生み出されたということである。ＨＡＬ自身、自分がＨＡＬ研究所のチャンドラ博士によって作られたものであることを認めていた。

一神教の世界では、「被造物」という考え方がある。唯一絶対の神によって創造されたものは、すべてこの被造物である。神の唯一性を強調するなら、この世界に存在するものは、すべて神によって創造された被造物であることになる。ＨＡＬのようなＡＩも、被造物にほかならない。それが、映画「２００１年宇宙の旅」のＡＩに対するとらえ方である。

映画が製作された時代に、シンギュラリティという考え方はまだ存在しなかった。「はじめに」で述べたように、それが生まれるのは２００５年のことである。映画が公開された３６年後のことである。シンギュラリティが訪れるのは、２００５年の４０年後、２０４５年とされている。

現在の時点で、「２００１年宇宙の旅」のような映画作品が構想されたとしたら、ＨＡＬはまったく異なるものとして物語のなかに登場するのではないだろうか。ＨＡＬが被造物という立場を超えた存在として描かれたとしても不思議ではない。今日では、インターネットの発達もあり、ネットワークということが重要性を増しており、ＡＩとしてのＨＡＬはネットワークとして構想されることになったかもしれない。

話が神の問題から、ＡＩのことに移りつつあるが、ここでは、もう少し、神についての考察を続けたい。一神教における神について、ここまでふれてきたわけだが、では、多神教における神についてはどうなのだろうか。

多神教の世界においては、さまざまな神が登場する。それはギリシア神話をはじめとする古代文明において共通して見られることである。現代のインドや中国も多神教で、多くの神々が信仰の対象になっている。

仏教の場合にも、その中心には、悟りを開いた存在として釈迦がいるわけだが、インドの神々もそのなかに数多く取り入れられている。梵天、帝釈天、毘沙門天、弁天などがその代表である。日本の神道においても、数多くの神々が信仰の対象になっており、「八百万の神」という言い方が使われる。この場合の８００万とは数の多さを示したもので、神々が８００万に及ぶというわけではない。

神々について記した書物としては、「古事記」と「日本書紀」があげられるが、この二つの書物に登場する神の数は総計で３２７柱である。柱は、神を数える単位として用いられるものだが、それほど数が多いとは言えない。

しかし、神話に登場する神々だけが、神道において信仰の対象になっているわけではない。八幡神や天神、稲荷神のように、必ずしも神話に登場しない重要な神々もある。

さらには、人が神として祀られることもあり、その数は歴史を重ねるにつれて増えてきた。靖国神社では、戦没者を祭神としているが、その数は２４６万を超えている。日本全国で、いったいどれだけの神が祀られているのか、それを明らかにすることは難しい。少なくとも、神々をすべて洗い出す試みは今のところ存在しない。

一神教の神が一つであるのに対して、多神教では数多くの神々が存在する。どちらにも同じ神ということばが使われてはいるものの、その性格は一神教と多神教では異なる。果たして、両者に同じ神ということばを用いていいのか、そこからして問題である。

日本神話においても、創造という行為にかかわっている神は存在する。それが伊邪那岐命と伊邪那美命で、この一対の男女の神は、天から授かった矛で海の水をかき回し、オノゴロ島を生んだのをはじめ、次々と島を生んでいった。そのなかには、本州、四国、九州も含まれる。

伊邪那岐命と伊邪那美命は、島だけではなく、多くの神々を生んでいく。そうした神々のなかには、天照大神が天皇の祖とされたように、さまざまな氏族の祖神となるものも含まれていたので、この二柱の神は結果として人間の創造にもかかわったことになる。

全国には、伊邪那岐命と伊邪那美命を祀っている神社が存在する。しかし、その数は決して多くはないし、天照大神に比べると、その評価は低い。日本の国土を生むことに貢献したとはされても、創造神としての扱いを受けてはいない。

天照大神は、皇室の祖先神とされ、伊勢神宮をはじめ多くの神社で祀られている。戦後に誕生した神社本庁は、伊勢神宮を頂点に戴く神々の体系を作り上げてきたが、神話に登場しない神々は、本来、天照大神とは関係をもたないはずである。少なくとも、天照大神は創造神としての性格を有してはいない。

多神教のなかで、創造神としての性格を有している神として代表的なものはインドのブラフマーである。ブラフマーは、宇宙の最高原理であるブラフマナを神格化したものとされる。これが梵天である。

ブラフマーは宇宙を創造する役割を担ったとされるが、宇宙を維持する役割はヴィシュヌが果たすとされ、さらに宇宙を破壊する役割を担うのがシバである。ブラフマー、ヴィシュヌ、シバは一体の関係にあり、この三柱の神々によって、宇宙は絶えず更新されていくと考えられている。

これは、輪廻転生にも示されているインドの宗教思想の大きな特徴である循環的な考え方にもとづくものであり、ブラフマーの力は宇宙の創造以降には及ばない。しかも、ヴィシュヌやシバは篤い信仰を集め、教団も形成されたが、ブラフマーについては、そうした方向にはむかわなかった。宇宙が絶えず更新され、循環していくものであるとするなら、創造はたんなるはじまりに過ぎず、創造を担う神は決定的な重要性を持たないのである。

多神教である日本において、独特な神の定義を行ったのが江戸時代の国学者、本居宣長である。宣長は、変体漢文で記されているため、当時読むことが難しくなっていた古事記の読解に取り組み、その成果は「古事記伝」にまとめられた。

その「古事記伝」巻3の最初の部分には、宣長による神の定義が出てくる。宣長は、ここでは神のことを「迦微」と表記している。

凡《すべ》て迦微《かみ》とは古御典《いにしえのみふみども》等に見えたる天地の諸《もろもろ》の神たちを始めて、其を祀れる社に坐す御霊《みたま》をも申し、又人はさらにも云《い》はず、鳥獣《とりけもの》木草のたぐひ海山など、其与何《そのほか》にまれ、尋常《よのつね》ならずすぐれたる徳《こと》のありて、可畏《かしこ》き物を迦微とは云なり。〔すぐれたるとは、尊きこと、善きこと、功《いさお》しきことなどの、優れたるのみを云に非ず、悪《あし》きもの、奇《あや》しきものなども、よにすぐれて可畏きをば神と云なり。〕」

宣長はここで、神を三つの種類に分けている。

一つは、古御典、つまりは古事記などの神話に登場する神々である。

もう一つは、各地の神社に祀られている神々である。宣長が、両者を区別しているのは、すでに述べたように、神社に祀られる祭神のなかには、古事記などに遡るものもあれば、そうでないものもあるからである。

さらに宣長は、人、鳥獣、草木、海山などで、優れた徳のあるものを神に含めている。

注目されるのは、「すぐれたる」以下の補足の部分である。神の条件としてのすぐれているということは、貴いとか、善いとかだけではなく、その反対に悪いもの、不思議なものであっても、通常のものより優っていれば、それは神だというのだ。

一神教の世界では、神は絶対の善とされている。善なる存在であるからこそ、人々は神を信仰するのであり、善であることは神の本質になる。

この考え方が問題をはらんでいることについては、すでに述べた。これと対比されるのが善悪二元論であり、この世のなかに起こる善い出来事は善なる神によるもので、悪い出来事は悪なる神によるものとされる。

その点では、宣長の立場は、善悪二元論ということになる。実際宣長は、この世において悪をもたらす神として「禍津日ノ神《まがつひのかみ》」の存在を想定した。

『古事記伝』巻6では、「貴きも賤きも善も悪も、死ぬればみな此ノ夜見ノ国に往」くとし、「世ノ中の諸の禍事をなしたまふ禍津日ノ神は、もはら此ノ夜見ノ国の穢より成坐るぞかし」と述べている。さらに、「世間にあらゆる凶悪事邪曲事などは、みな元は此ノ禍津日ノ神の御霊より起こるなり」としている。この世のなかで起こる悪いことは、みな、黄泉（夜見）の国の穢れから生まれた禍津日ノ神の仕業だというのだ。

禍津日ノ神は、古事記に登場する神である。だからこそ、古事記を研究した宣長は、その存在に注目したと言える。宣長にとっては、古事記に記されたことは真実であり、それを否定することはできないのである。

古事記では、伊邪那美命を追って黄泉の国へ行った伊邪那岐命が、そこから戻ってきて、黄泉の国の穢れを祓ったときに、八十《やそ》禍津日神と大禍津日神の二柱の神が生まれたとされている。

伊勢神宮内宮では、天照大神に関連する重要な神々を祀る社として別宮が設けられている。その第一の別宮が荒祭宮であり、祭神は、天照大神の荒魂とされる。ただし、「中臣祓訓解」や「倭姫命世記」といった中世の神道書では、その別名として、大祓詞に登場する瀬織津姫とともに、八十禍津日神の名があげられている。

こうした中世神道の考え方に従えば、善神である天照大神の荒魂である八十禍津日神は、悪神としてこの世に悪をもたらすものであるということになる。宣長は、悪神を想定することで、世の中に善と悪がともに存在するという謎の解明を行っているわけである。

では、八十禍津日神が悪をもたらしたとき、人間の側は、それにどう対処すればよいのだろうか。

それについて宣長は、日本古来の精神についてふれた「直毘霊《なおびのみたま》」という著作において、「此ノ天地のあひだに、有リとある事は、悉皆神の御心なる中に、禍津日神の御心のあらびはしも、せむすべなく、いとも悲しきわざにぞありける。然れども、天照大御神高天原に大坐々て、大御光はいささかも曇りまさず」と述べている。

この世界に起こる出来事はすべて神の心にもとづくものであり、禍津日神の心が荒ぶるのは、手のほどこしようのないことで、悲しいとして受けとめるしかない。ただ、そうであっても、高天原にある天照大御神の放つ光はまったく曇ることはないというのである。

これはまさに善悪二元論である。ただし、ゾロアスター教や、それを受け継いでやはりペルシアに生まれたマニ教においては、たんにこの世に起こる出来事が善神と悪神によって引き起こされるとされるだけではなく、両者のあいだに、永遠とも言える戦いがくり広げられていると考えられた。その面は宣長の議論には見られない。宣長の神道思想には、ゾロアスター教やマニ教に見られるダイナミズムは欠けている。

宣長の特徴は、悪神である禍津日ノ神のこころが荒れることで悪いことが起こるのは「せむすべなく」と、それを受け入れていることである。神の働きには逆らえない。宣長にはその感覚があった。

宣長の定義のなかで、神となるものは、人はもちろんのこと、鳥獣や木草、さらには海山にまで及ぶとされている。神となるものは、相当に範囲が広いのである。

宣長は、「漢意《からごころ》」ということを主張したことで知られる。それは、純粋素朴な「大和魂」と対立するもので、主に儒学にもとづいて、さまざまな事柄をひたすら分析的に論じることをさす。仏教もまた儒学と同様に中国から伝えられたもので、日本に土着のものではない。漢意を排するということは、仏教の教えを否定することにもつながった。

ところが、宣長の神についてのとらえ方は、中世の信仰世界において大きな影響を与えた「天台本覚思想」を思い起こさせる。天台は、最澄が開いた天台宗のことをさし、本覚とは、一切の衆生には悟りの智慧が備わっているとするものである。

天台宗は中国に生まれたもので、天台智顗が宗祖である。智顗は、釈迦の教えが説かれた順番を想定し、それを「五時八教説」にまとめあげた。そして、釈迦は「法華経」を説く段階に達したとき、はじめて真実の教えを明かしたととらえた。「法華経」では、一切の衆生はいかなる道をたどろうと仏になることができると説かれている。この教えをもとに天台本覚思想が形成されることになるのだが、そのキーワードとなったものが、「草木国土悉皆《しっかい》成仏」であった。草も木も、そして国土も、あらゆる存在は仏になることができるというわけである。能楽には、この草木国土悉皆成仏ということばが頻繁に登場する。それも、能楽は、さ迷える魂を鎮めることをその内容としているからである。

宣長の神についてのとらえ方に、この天台本覚思想が密かに影響を与えていると見ることもできる。さらに、悪神によって悪い出来事が引き起こされることや、人間が死後に穢い黄泉の国に赴くことについて、それをしかたのないものとして受け入れる宣長の考え方には、仏教が説く無常観と相通じるものがある。宣長は、仏教の教えを否定しようとしながらも、その影響から脱することができなかったのかもしれない。

それは、宣長やその死後の弟子となった平田篤胤の思想を受け継ぎ、自らが開拓した民俗学を「新国学」と称した柳田國男についても言える。柳田は、日本全国に見られる風習が、仏教が取り入れられる以前の土着の信仰によるものだととらえようとした。盆の行事についても、明らかにそれが仏教の信仰にもとづくものであるにもかかわらず、柳田は、土着の信仰だと主張した。ただし、その議論は、必ずしも説得力のあるものにはならなかった。

最近の若者ことばの一つとして、「神」というものがある。それは、「まじ神」とか「神対応」といった形で使われるが、それは、宣長の言う神に近い。2016年に流行語大賞を受賞した「神ってる」も同様である。一般のレベルを明らかに超えていると見なされたものが神とされるわけで、それは宣長の神の定義に当てはまる。

ここで一つ問題にしなければならないのは、一神教の世界では起こり得ない、日本における神の現れ方についてである。

一神教の神は、唯一絶対の存在であり、人間の世界に直接その姿を現すことはない。旧約聖書を見た場合、たとえば、もっとも信仰の篤いとされるアブラハムに生まれたばかりの子、イサクを犠牲にするよう命じたとき、神はアブラハムに声を掛けるが、そこに姿を現すことはない。神がどこから呼びかけているのか、それについては述べられていない。

新約聖書でも、キリスト教徒を迫害していたパウロに対してイエス・キリストが呼びかけた際には、まず天から光がさし、それからイエスの声がパウロに届く。この場面から考えれば、声は天からもたらされたと考えられる。

日本の神の場合に、こうした形で現れることはない。もちろん、天から神の声が聞こえてきたと主張する宗教家もいるが、それは事例として決して多くはない。日本の神が出現する際には、基本的に憑依という形をとる。何らかの依代に神が降るのである。

たとえば、「古事記」には、第一四代の仲哀天皇が神からのお告げを聞く場面が出てくるが、その際には、妻の神功皇后が依代となり、天皇は神を呼び出すために琴を弾く。天皇は、そのお告げに従わず、結果的に命を落とすことになるのだが、皇后に降りた神は、自らは住吉大社に祀られる住吉三神であり、そこには天照大神の意志が働いていると告げる。

現在では、神を祀るという場合、儀礼は神社の建物で行われる。一般的には、本殿に祀られた神に対して祈りが捧げられるのである。

ただし、こうしたやり方は、神道のはじめからのものではない。当初の段階では、神社には建物はなく、巨大な岩である磐座の前で祭祀が行われた。そこに神を呼び出し、供物を捧げ、感謝や祈願を行うのである。

人間が神の依代になる場合、神が降りている間、その人物は神と一体化し、神そのものになる。神は、依代を通して自らの意志を伝える。そして、託宣を下した後に、神は依代から去っていく。依代の方は、それで元の人間に立ち戻るのである。

しかし、同じ人物にくり返し神が降るということもあり、その場合には、依代となった人間が神そのものと見なされるようになる。「生き神」の誕生である。

それは、日本の新宗教の先駆けとなった天理教において見られる。この教団で信仰される天理王命という神が出現する場面は、教団公認の教祖伝である「稿本天理教教祖伝」に詳しく記されており、それは次のようなものであった。

「稿本天理教教祖伝」の本文はまず、「我は元の神・実の神である。この屋敷にいんねんあり。

このたび、世界一列をたすけるために天降った。みきを神のやしろに貰い受けたい」という神のことばからはじまる。天理王命は、天保9年（1838年）10月24日、大和国山辺郡庄屋敷村（現在の天理市三島町）の中山善兵衛宅において、天理教の教祖となる中山みきの口を通して神のことばを語り出したのである。

神のやしろとは、神がやどる依代を意味するものと思われた。みきの夫である善兵衛をはじめ、中山家の跡取り息子である秀司の足痛を治すために行なわれた祈禱の場に集った人々は、突然現れた神の要求に大いに戸惑った。善兵衛は、そんな要求はとうてい呑むことはできないとして、それを退ける。しかし、神はどうしても聞き入れず、みきの口調は厳しくなり、その様子も激しくなった。

こうした神とのやりとりは、あしかけ3日続いた。その間、みきは御幣を手にして端座したまま、食事もとらず、休息もしなかった。静かに座っているときもあったが、響き渡るような声で神の意向を告げるときには、手が激しく揺れ動き、御幣の垂紙は散々に破れた。このままでは、みきの一命も気づかわれた、そこで善兵衛は、26日の朝五ッ刻（午前8時ころ）に、「みきを差し上げます」と、神の要求を呑んだ。これで、みきの激しい様子はようやくにして鎮まったのだった。

以上が、「稿本天理教教祖伝」の冒頭に記された天理教の主宰神、天理王命がはじめてこの世に出現した場面である。天理教の教団では、みきが神のやしろと定まった天保9年10月26日を、天理教が始まった立教の日と定めている。

この出来事については、拙著『天理教　神憑りから新宗教へ』（八幡書店）で考察を加えたように、フィクションである可能性が高いが、その後のみきは、神憑りをくり返すことになる。みきに神が降ったときの様子については、明治14年7月17日付の「大阪新報」という新聞の記事に描かれている。

その記事によると、最近、大和国丹波市のあたりに奇っ怪な老婆が現れたという。その老婆は、自ら転輪王と称し、昼間はどこかに潜伏して姿を見せないが、夜中12時をすぎると忽然と現れ、白衣をまとって白髪を振り乱し、あたりを徘徊しながら、「万代の世界を一れつ見はらせば、棟の分かれた物はないぞや」といったことばを吐くという。

さらに老婆は、自分を信仰する者には、150年の長命を授けるといった妄言を吐いているが、近郷の愚民たちは、この老婆を神女、あるいは仙人と考え、一心不乱に信仰している人間は、すでに300名以上にのぼっているというのだ。

この記事からは、みきの周囲に形成された集団を揶揄しようという意図が感じられる。しかし、当時の教団では、みきが神懸りして、ことばを発する行為は「お出まし」と呼ばれ、それは日常的にくり返されていた。記事は、その点にふれたものであり、現実とそれほど大きくは違わない。それは、むしろリアルな描写であった。みきの神懸りは、教団の形成される初期の時代にとどまらず、晩年まで続いたのである。

天理教の教典のなかに「おふでさき」というものがある。それは、全部で17冊におよぶ。歌の形式をとっており、歌は1711首にのぼる。天理教の中心を担うのは、みきの血を引く「真柱」と呼ばれる男性だが、初代真柱であった中山眞之亮の甥に当たる梶本宗太郎は、その母から次のような話を聞いたという。

神が「筆をとれとれ」と言うので、みきが筆を紙のうえに乗せると、たとえ暗がりでもすらすら筆が動いた。みきは、自分が書こうとすると書けなくなり、「わしが書いたのやない。神さんがお書きになったのや」と言っていた。そして、そばにいた眞之亮に、「神様、『書け書け』と仰っしゃって、こうして、書かして貰うたけど、わしは何も分からんのやで。何、お書きになったんやな。お前、読んで聞かしてんか」と、書いたものを読んで聞かせてくれるように求め、眞之亮がそれを読むと、一いちうなずき、「ああそうかな、そう仰ったのかな」と言ったという。

天理教の教団において、みきは「親神《おやさま》」と呼ばれ、信仰の対象になっていたが、神が降りている状態と、そうではない状態の二つがあり、その交替がくり返されたことになる。

天理教の教えには、かしものかりものというものがある。人間のからだは、神からのかりものであり、病に陥ったときには、かりものであるからだを間違った使い方をしているのではないかと疑ってみる必要があるというのだ。

そして、亡くなるということは、からだを神にかえすということであり、魂はまた別のからだを得てこの世に蘇る。これは「出直し」と呼ばれる。出直すわけだから、死は悲しい出来事ではない。そこには、みき自身が、自らを神が宿るための器として認識していたことが反映されている。

人が神になる場合、つねに神であり続けるわけではない。それは、神が何らかの依代に宿る、そこに降りるものだという、磐座の時代から受け継がれた考え方に示されている。その人間が神となるのは、神が降ったときに限られるわけで、そのときには、神と器としての人間が合一した状態におかれる。しかし、その合一は、永遠に続くものではなく、限定的なものなのである。

神というものをどうとらえるかということで、一神教と多神教では異なる。ここでは、一神教の神についてのとらえ方を、とくに日本の場合と比較した。

神というものが理解できたところで、ＡＩが神になりうるのか、その申し子、藤井聡太が神の子なのかを考えていきたい。

第四章　ＡＩは神の領域に近づく

第2章で、「2001年宇宙の旅」の映画において、AIのHALがディスカバリー号の乗務員とチェスをする場面についてふれた。

その際、乗務員のプールが、将棋で言えば飛車の役割を果たすルークの駒を動かしたとき、HALから見落としを指摘される。それでは、詰めにあたるチェックメイトになってしまうというのだ。それを指摘されて、プールは投了するしかなかった。

これは、AIが発達した今の時代から振り返ってみると、興味深い場面である。というのも、その後AIは、このような方向には発展してこなかったからである。

将棋や囲碁、チェスを指すこと（打つこと）ができるAIは、それぞれのゲームにおいて、人間を寄せつけず、圧倒的な勝利をおさめることができるようになった。

しかし、人間同士の勝負なら、勝敗が決した後に行われる「感想戦」については、今でも苦手である。苦手どころが、まったくそれができない。AIは、計算によって最善の手を見つけることはできるが、なぜその手が最善であるのか、その理由を説明することができないからだ。説明ということ自体がまったくできないのだ。AIを相手に人間が戦って、感想戦をしようにも、AIはそれに答えてはくれない。HALとプールのあいだで行われた会話は感想戦そのものというわけではないが、HALは最適の手順を人間に分かるような形で説明している。それが、現在のAIにはできないのである。

まだ、AIが十分には発達していなかった時代、たとえばそれは「2001年宇宙の旅」が公開された1960年代ということにもなるが、AIが発達すれば、それは人間と同じように思考し、その結果を言語によって表現できるようになると考えられていた。

まさにHALがそうなるわけだが、1969年という年は、実は、漫画の「ドラエもん」の連載がはじまった年でもある。今やドラエもんは、日本だけではなく、世界の子どもたちの間で大人気のキャラクターになっている。

物語のなかで、ドラエもんが誕生したのは、2112年9月3日のこととされている。今でも相当に先の未来だ。ドラエもんは猫型のロボットだが、その時代には、工場でそうしたロボットが大量生産されるようになっているという設定になっていた。

その後、紆余曲折があり、2123年に、ドラエもんを手に入れたセワシの手によって、タイムマシンで過去に送られる。セワシが必ずしも幸福とは言えない人生を送っているのは、先祖であるのび太のせいで、そののび太を矯正するためにドラエもんが送り込まれたのである。SF小説では、タイムマシンで過去に送られた人間は、何かを変えてはならないとされている。未来を変えてしまうことになるからだ。ドラエもんの物語は、そのあたりについてはまったく無頓着だ。

のび太は10歳に設定されており、物語のなかでは永遠に年を重ねていかないので、ずっと10歳のままである。したがって、誕生した年については、物語によって変わってくる。最初は1962年生まれだった。となると、ドラエもんは1972年の日本に送り込まれたことになる。

ドラエもんは、のび太をまともにするという使命をすぐに忘れてしまったようにも見える。だが、高い言語能力を持ち、四次元ポケットから出してくるさまざまな道具について、その使用法を説明することはできる。

これは、HALを含めて、AIが構想の段階で、まだ実際に生み出されていない時代の共通のイメージだった。

天才科学者の天馬博士が、交通事故で亡くなった自分の息子に似せて作り上げた鉄腕アトムも、機械であることを示すために裸だが、十分な言語能力を身につけていた。

そこには、知性や知能というものの高さが、高度な言語能力によって裏打ちされるという考え方が存在した。

しかし、将棋などの対戦ゲームで、人間を圧倒するAIは、そうした能力を持ってはいない。AIがいくら将棋が強くても、将棋を教える先生にはなってくれない。棋士たちがAIを活用する際も、AIに指導を仰いでいるわけではない。AIが指摘する最善手などを元に、人間の側が、それがなぜ最善なのかを考えなければならないのだ。

もちろん、AIに言語能力をもたせる試みは、さまざまな形で行われている。

ペッパーなどが、その代表ということにもなるが、対話型AIがさまざまな形で開発されている。スマートフォンでも簡単な会話はできるし、各種のAI搭載スピーカーとなれば、ことばによる命令を実行に移してくれる。

あるいは、AIによる自動翻訳も、技術的にはかなり進んできた。昔はまったく使いものにならなかったが、現在では、まったく知らない言語であっても、自動翻訳によって内容の概略をつかめるようになってきている。

ただ、ペッパーが、鉄腕アトムやドラエもん、あるいはＨＡＬのような、人間に匹敵する言語能力を持つようになるには、相当の年月が必要であるようにも思える。言語能力を持っているかのようなＡＩの開発は進められている。だが、それが将来において、どういった成果をもたらすかは、まだ見通せない。そこには、ＡＩの開発における根本的な革新が必要である。

ＡＩが人間に匹敵する知能、知性を持っているかどうかを判定する有名なテストとして「チューリング・テスト」がある。

チューリングとは、このテストを考案したイギリスの数学者、アラン・チューリングに由来する。チューリングは、人間らしい振る舞いという側面に注目し、ＡＩがあたかも人間であるかのように振る舞うことができるかを判断基準として用いることを提案したのだった。

具体的には、テストされる側としてＡＩと人間とが用意される。テストする側の試験官は質問を出し、ＡＩとそれに比較される人間が答える。３０パーセント以上の試験官が、ＡＩは人間だと判断すれば、そのＡＩには知能があると判定されるのである。

これまで、厳密な意味でこのテストに合格したＡＩは存在しなかった。ところが、２０１４年6月8日に、はじめて合格したＡＩが現れたと発表された。

合格したのは、ウクライナに在住している１３歳の少年と設定されたＡＩで、それはユージーン・グーツマンと名付けられた。こうした設定がとられたのは、テストで用いられる英語を母国語とはしていないということである。

テストは5分間にわたってテキスト・チャットで行われ、審査員の33パーセントがユージーン・グーツマンを人間と判定したというのだ。

ただし、この発表については、当初から疑問の声が寄せられていた。なにしろ、詳しいデータが何も発表されなかったからだ。当初は、ユージーン・グーツマンと会話できるサイトもインターネット上に用意されていたが、それはすぐに閉鎖されてしまった。どうやら、チューリング・テストには合格していなかったようなのだ。

2011年からは、日本の大学共同利用機関、国立情報学研究所が中心になって、10年後の2021年にロボットを東大に合格させるためのプロジェクトがはじまった。そのAIロボットは、「東ロボくん」と呼ばれた。

東ロボくんは、2019年のセンター試験の英語筆記本試験では185点（満点は200点）という好成績をおさめるまでになった。偏差値は64・1だった。

しかし、東ロボくんが、2021年に東大に合格する可能性はないと考えられている。致命的なのは、AIがことばの意味というものを理解できないからである。AIにとって、ことばは単なる記号に過ぎない。

それでも問題が解けるのは、膨大な計算の作業によって、正解と思われるものを導き出していくからである。ＡＩは、はっきりとそれが正解だと分かっているわけではない。正解らしきものに到達しているだけなのである。

これは、ＡＩの知能をはかるチューリング・テストのあり方と重なる。ＡＩに知能や知性があるかを直接に判定することはできず、知能や理性を備えているかのように思えるかどうかを基準とするしかないのである。

東大の場合、大学共通入学テストが、志願者が多いときの足切りに使われ、その上で独自の学力試験が課される。独自の学力試験は４４０点満点で、大学共通入学テストの得点は１１０点満点に換算される。学力試験の比重が重いことは明らかである。

東大の学力試験では、どの科目でも書かせる問題が多い。記述式が多いのだ。

たとえば、英語の場合、第１問は、要約問題である。英語の長文が示され、その内容を８０字程度に要約するのだ。これは、５０年近く前に私が東大を受験したときも同じである。要約は、英文の内容を明確に理解しているかどうかをはかるための問題である。

短い字数で要約するためには、問題文が全体としてどういったことを意味しているかを把握しなければならない。その点で、この問題を解くには高度な言語能力を必要とする。

ＡＩは、自動翻訳に示されたように、英語を日本語に置き換えることはできる。それは、言語には文法の体系があり、文章はそれに沿っているため、別の言語に翻訳ができるのだ。しかしそれは、ＡＩが英語や日本語を理解した上でなされるものではない。

将棋や囲碁、チェスについても、ＡＩが果たしてそれを理解しているかと言えば、決してそうではない。最善の手を示すことはできても、人間のような感覚では指していない。膨大な計算の結果がすべてであり、どの手が最善で、どの手が最悪なのかを示すことができるだけである。

したがって、ＡＩから将棋の仕方を習うことはできないし、翻訳の仕方を学ぶこともできない。普通、何かを学習した人間は、その学習の方法を他者に教えることはできるが、ＡＩにはそれができないのだ。

このことをさして、ＡＩは「ブラックボックス」であると言われる。ブラックボックスとは、もともとは内部の仕組みがわからないよう密閉された機械装置のことである。ＡＩがブラックボックスであるというのは、正確な判断は下すことができても、その根拠を示すことができないということである。ＡＩのことをよく知るエンジニアは、「現在のＡＩは、よく当たる占いのようなもの」だと言っているようだ（伊藤元昭「第５回　ＡＩの「ブラックボックス問題」との付き合い方」ヘイシン　モーノポウムの技術コラム）。

占い師はさまざまな方法を駆使して、占いを行う。星占い、占星術は一般的な占いの方法だが、それは、星の運行にもとづいている。占い師は、星の運行の変化がいかに人間の運命に影響を与えるかを説明してくれる。その点では、ＡＩとは異なる。だが、なぜその日に生まれた人間が、ある特定の星の影響を受けるのかについては、その根拠を示してはくれない。だが、占いに頼る人間にとっては、結果だけが重要であり、根拠については気にしていない。

しかし、ＡＩの場合には、社会的に重要な事柄に関係していくわけで、根拠を示せないということは重大な問題に発展していく可能性を有している。

アメリカでは、そのことが社会問題に発展し、ＡＩを利用することの是非が法廷で問われることにもなった。それも、ＡＩが、犯罪をおかした人間の再犯の可能性を予測することに用いられるようになったからである。

問題になった事件は、２０１３年2月１１日の深夜に起こったもので、場所はウィスコンシン州西部のラクロスという街だった。住宅に向けて、車から2発の銃弾が撃ち込まれ、間もなく2人の容疑者が逮捕された。

その裁判で、運転主役の３１歳の男性には、6年の有罪判決が下るのだが、判決を下す際に「ＣＯＭＰＡＳ」と呼ばれる再犯予測プログラムが用いられた。これは、被告に１３７の質問に答えさせ、過去の犯罪歴と照合した上で、再犯の危険性を１０段階で評価するものである。質問には、犯罪や保釈の履歴、どういった仕事につき、どんな暮らしをしてきたのか、教育レベルや地域とのつながりはどうなのか、さらには薬物の使用歴があるのかどうかなどが含まれる。

被告は、ＣＯＭＰＡＳによる判定のやり方が明らかではなく、信頼性に欠けるのだから、その使用は自らの権利を侵害しているとして訴えた。

これに対して、２０１６年7月１６日、ウィスコンシン州の最高裁判所は、被告の訴えを退ける判決を下した。ただし、「判決を、このプログラムに依存することまで認めるわけではない」

とし、量刑の軽重や、実刑か執行猶予かの判断を、すべてプログラムに依存するのは適切でないとしたのだった（「ＡＩが犯罪を予測、是か非か　揺れるアメリカ社会」『Ｇｌｏｂｅ＋』２０１９年５月４日）。

そこには、黒人に対する差別の問題もからんでおり、複雑である。こうしたプログラムでは、白人に比べて黒人の方が再犯の可能性が高いと出る傾向がある。裁判所は、そうした情報を警察が裁判官に提供する際には明らかにする必要があるともした。

人工１０万人あたりの他殺率で比較した場合、アメリカが近年では５人程度であるのに対して、日本は０・３人程度である。そこに相当な開きがある。そのことを踏まえるならば、アメリカで再犯予測プログラムが活用される必然性はあるだろう。

もし日本で、こうしたプログラムが利用されるようになったとしたら、反発は大きいに違いない。ＡＩは、再犯の可能性が高いかどうかを数値として示してくれるが、なぜそう言えるのかについては答えてくれない。それでは、示された数字をどの程度信頼していいか判断がつかない。根拠が示されなければ、信頼性を検討することもできないのだ。

予測がどのようにして導き出されてきたのか、それを説明できるＡＩの技術開発が試みられているとも伝えられている。しかし、今のところ、その方面で画期的な研究成果は生まれてはいない。

人間の子どもの場合、成長していくなかで、「なぜ？」と大人に頻繁に聞く時期が訪れる。とくに3歳から5歳くらいの子どもに顕著で、その時期は「なぜなぜ期」とも呼ばれる。因果関係についての説明を求めることは、人間にとって根源的なことである。

ＡＩは膨大なデータを駆使し、計算をくり返すことで最適な解に到達する能力を持っている。そのため、さまざまな分野でＡＩが活用されるようになっている。

車の自動運転などはその代表だが、流しのタクシーのために、乗客がどこの地域に多いかを示すためにＡＩが活用されるようになった。これは、「ＡＩタクシー」と呼ばれる。ＮＨＫの番組で、このシステムが活用される様子が放送されたことがあるが、その予測は驚くほど当たる。まさに、「よく当たる占い」のようなものなのだ。

あるいは、東京都水道局が最近導入したものは、ＩＢＭの開発したｗａｔｓｏｎをコールセンターの業務に活用するものである。電話の内容をリアルタイムでテキスト化し、適切な回答の候補をあげていくのだ（ＩＴｍｅｄｉａ　ＮＥＷＳ、２０２０年2月１９日）。

こうしたＡＩの活用例であれば、現在ではいくらでもあげることができる。

タクシーの運転手やタクシー会社にとっては、乗客を見つけることができれば、それでいいわけで、なぜＡＩにそれが可能なのか、その理由を求めたりはしない。コールセンターでも、オペレーターは、スムーズに応答することができれば、それでいいわけである。

しかし、ＡＩの応用範囲がさらに広がっていくのだとしたら、因果関係の説明ということが切実に求められる場面も出てくるに違いない。

だが、ＡＩが神になりうるかどうかを考えたとき、因果関係を説明することのないブラックボックスとして存在していることにはかえって大きな意味がある。

神はブラックボックスだからである。

とくに、一神教における神は、その性格が強い。神は人間を創造し、人間のあり方、生き方に大きな影響を与えるものの、そこで説かれる教えについて、それがなぜ正しいのか、その理由を事細かには説明してはくれないからである。

一神教の源流はユダヤ教である。

ユダヤ教において決定的な出来事は、３章で述べたように、ユダヤ人を率いてエジプトを脱出したモーセに、神から十戒が授けられたことである。

モーセについては、旧約聖書、つまりはユダヤ教のトーラーに記載されてはいるものの、実在したかどうかを証明してくれる他の史料は存在しない。モーセについては、もっぱらトーラーの「出エジプト記」によるしかない。世界史の教科書などにもモーセが登場するが、実際には、架空の神話上の人物として考えるべきである。

ただ、十戒はその後、ユダヤ人のあいだで受け継がれ、ユダヤ教の根本的な戒律として機能する。現代においても、ユダヤ人は、信仰が深ければ、この十戒に従って、その宗教生活を営んでいる。モーセが生きたとされる時代がいつなのかを確定することはできないのだが、はるか古代に下された神のことばが今も生きているのである。

十戒は、次のようになっている。

第１戒　あなたはわたし以外に、ほかの神があってはならない。
第２戒　あなたは自分のために、偶像を造ってはならない。
第３戒　あなたは、あなたの神、主の名を、みだりに口にしてはならない。
第４戒　安息日を覚えて、これを聖なるものとせよ。
第５戒　あなたの父と母を敬え。
第６戒　殺してはならない。
第７戒　姦淫してはならない。
第８戒　盗んではならない。
第９戒　あなたの隣人について、偽りの証言をしてはならない。
第１０戒　あなたの隣人の家を欲してはならない。

このなかには、他の宗教においても戒律とされているものが含まれている。
たとえば、仏教には、もっとも基本的な戒律として「五戒」があるが、それは次のようになっている。

不殺生戒　殺生をしてはならない。
不偸盗戒　盗みを働いてはいけない。
不邪淫戒　不貞行為を行ってはいけない。
不妄語戒　嘘をついけはいけない。
不飲酒戒　飲酒をしてはいけない。

不殺生戒は、十戒のなかの第6戒と共通する。不偸盗戒は第8戒と、不邪淫戒は第7戒と、不妄語戒は第9戒と重なる。五戒にあって十戒にないものが不飲酒戒である。

イスラム教では、酒を飲むことが禁じられており、それは広く知られている。イスラム教は、キリスト教以上にユダヤ教に近く、引き継いでいる事柄は多いのだが、この酒についての考え方は異なる。ユダヤ教には、飲酒を禁じる教えはない。

それを除けば、仏教の五戒は十戒に含まれていると見ることもできる。このことは、そうした戒律が人類に普遍的なものであること示唆している。父と母を敬えとしている十戒の第5戒などは、儒教の道徳、孝と共通する。第10戒は、第8戒のバリエーションと見ることができる。

となると、ユダヤ教に独自な戒律は、第1戒から第4戒までである。そこにこそ一神教の特徴が示されている。

ではなぜ、ほかの神を信仰の対象にしてはならないのだろうか。なぜ、偶像を造ってはならないのだろうか。なぜ、神の名をみだりに唱えてはならないのだろうか。そして、なぜ安息日を聖なるものとしなければならないのだろうか。

どの戒律についても、理由は説明されていない。第3戒については、私たち日本人の感覚からすれば、あるいは仏教徒の感覚からすれるならば、その理由を理解することは難しい。

たとえば、「南無阿弥陀仏」は、浄土教信仰において、それを唱えることが極めて重要な意味を持っている。阿弥陀仏の名を高らかに唱えない限り、極楽往生は不可能とされているからだ。

もちろん、十戒の一つ一つについて、なぜ神がそうした戒律を課したのか、人間の側がそれについて考えることはできる。だがそれは、あくまで人間が考えたことであり、それが神の意向に沿ったものであるかどうかを確かめることはできない。

ユダヤ教には、「ハラーハー」というものがある。これはユダヤ法のことをさしている。ハラーハーは、ユダヤ教徒がどのような法に従って生きるべきなのかを定めたものである。

そのなかには、ユダヤ教徒が何を食べてよいか、いけないかを規定したものがあり、それは「コーシャ（コシェル、カシェル、カシュルートなどとも）」と呼ばれる。たとえば、食べられる動物は、「分かれた蹄を持ち、反芻する」種に限られるとされる。そこに含まれるのは、ウシ、ヒツジ、ヤギ、シカなどである。となると、ブタの蹄は分かれているのが、反芻しないので、コーシャではないということになる。イスラム教徒がブタを食べないことはよく知られているが、それは遡るとユダヤ法に行き着くのである。

ではなぜ、食べられる動物は、「分かれた蹄を持ち、反芻する」種に限られるのだろうか。

これについては、トーラーに含まれる「レビ記」のなかに出てくる。その第11章には、次のように出てくる。

主はモーセとアロンにこう仰せになった。イスラエルの民に告げてこう言いなさい。地上のあらゆる動物のうちで、あなたたちの食べてよい生き物は、蹄が分かれ、完全に割れており、しかも反芻するものである。

つまり、これは神が定めたことなのである。

しかし、なぜ神がそのように定めたのかについて、神は何も語っていない。理由を明らかにせずに、食べてよいものと食べてはいけないものが区別されているのである。

十戒の第4戒は、「安息日を覚えて、これを聖なるものとせよ」とある。ユダヤ教では、土曜日が安息日になっている。これについては、「出エジプト記」の第20章において、理由が説明されている。それは、次のようになっている。

安息日を覚えて、これを聖とせよ。六日のあいだ働いてあなたのすべてのわざをせよ。七日目はあなたの神、主の安息であるから、なんのわざをもしてはならない。

「創世記」においては、神による創造について、「神は第七日にその作業を終えられた」と述べられている。これをもとに安息日が定められている。その点で理由ははっきりしている。

現代のユダヤ教徒のなかには、こうしたユダヤ法にたいしてどのような態度で臨むのかで、いくつもの派に分かれている。もっとも厳格な態度で臨むのが「超正統派」と呼ばれる人たちで、彼らは、男性の場合、黒い帽子を被り、顎鬚を伸ばし、黒の服を来ている。これは、彼らが東ヨーロッパにいたときに身につけていたものである。超正統派のユダヤ教徒は、ユダヤ教の教えを学ぶことを生活の中心にしており、働いてないことが多い。イスラエルでは、そうした人々に対して国が補助金を出し、生活を支えている。ただし、彼らの生活は貧しい。

そうした超正統派になれば、安息日には、「なんのわざをもしてはならない」ということばを文字通りに信じ、その通りにする。労働をしないことはもちろん、車を運転することもない。運転は「わざ」に含まれるからである。さらに、電灯のスイッチさえ入れない。そのため、自動的に点灯する電灯が普及していたりする。彼らは、神の教えに文字通り従って生きているのである。

安息日と並んで重要なのが、「割礼」である。これは、男子の陰茎の包皮を環状に切り取ることで、オーストラリアやアフリカの部族社会でも行われている。イスラム教でも行われている。

これについては、「創世記」の第17章に記されている。それは、99歳になったアブラハムが神と契約を交わす場面においてだが、神はアブラハムに、「男子はみな割礼をうけなければならない。これはわたしとあなたがた及び後の子孫との間のわたしの契約であって、あなたがたの守るべきものである」と告げる。

割礼は人と神との契約の証だというのである。だが、安息日についてとは異なり、ここでは、なぜ割礼が神との契約になるのか、その理由は説明されていない。神の命令は絶対なので、忠実に神を信仰するなら、それに従わざるを得ない。神はブラックボックスなのである。

神がブラックボックスであることは、イスラム教の方がより明確である。

イスラム教では、神の啓示を受けた預言者であるムハンマドが授かったことばが、聖典である「コーラン」にまとめられている。最近では、よりアラビア語に近い「クルアーン」が用いられることも多くなった。コーランもクルアーンも、さしているものは同じである。

イスラム教は、ユダヤ教やキリスト教に比べて後に生まれた宗教であり、直接にその影響を受けている。コーランには、モーセはムーサーとして、イエス・キリストはイーサーとして登場する。

そもそも、イスラム教の立場からすると、厳密な意味でムハンマドが開祖であるとは言えない。ムハンマドに啓示を下した神は、それ以前に、モーセや、旧約聖書に登場するさまざまな預言者、さらにはイエス・キリストに対してやはり啓示を下したと考えられているからである。ただ、ムハンマドがはじめてそれを正しく理解し、実践に移したとされている。そして、ムハンマドが究極の預言者なので、それ以降、預言者が現れることはない。そこで、ムハンマドは「最後の預言者」と呼ばれるのである。

ムハンマド自身は、信仰者の理想を、「創世記」のアブラハムに求めていた。アブラハムは、アラビア語ではイブラーヒムと呼ばれる。それは、アブラハムが、高齢になってせっかく授かった子どもを、神の命令に従って即座に犠牲に供したからである。神の命令にいっさいの疑問を抱かないアブラハムこそが、信仰者のあるべき姿を示しているというのが、ムハンマドの考え方だ。イスラム教の信者は、「ムスリム」と呼ばれるが、それは神に帰依する人間のことを意味する。アブラハムは、究極のムスリムなのだ。そこから、イスラム教はムハンマドではなく、アブラハムからはじまるという理解が生まれる。

したがって、食べてよいものと食べてはいけないものを区別する食物規定などについて、イスラム教はユダヤ教の風習を受け継いでいる。

ただ、安息日と割礼ということになると、ユダヤ教ほど忠実ではない。イスラム教では、土曜日ではなく金曜日が休みになっている。それは、信者がモスクに集まり集団で礼拝するための日とされている。ただし、金曜日に、車の運転をはじめいっさいの労働を禁じるという考え方は、イスラム教にはない。

割礼については、イスラム教でも行われており、女性もその対象になっている。ただ、その根拠ということになると、コーランには割礼の規定はない。

イスラム教において、コーランと並んでイスラム法の根拠となるものが、「ハディース」である。これは、預言者ムハンマドの言行録であり、ムハンマドが言ったこと、行ったことについての伝承を集めたものである。特徴としては、誰がそれを伝えているのかが明記されているところにある。

ハディースは、コーランに次いで権威があるとされ、イスラム教徒はそこに示されたことを規範として生活を送ることになる。

ただし、ハディースには、それをまとめた学者がいて、どの学者がまとめたかによって異なる伝承が含まれている。しかも、ハディースにまとめられた伝承は膨大な数にのぼっている。

たとえば、ハディースの日本語訳としては、中公文庫になった『ハディース　イスラーム伝承集成』(牧野信也訳)があるが、これは、アル＝ブハーリーという学者の「真正集」と呼ばれるハディースを翻訳したものである。

もう一つ、ハディースの翻訳としては『ムハンマドのことば―ハディース』(小杉泰訳、岩波文庫)がある。こちらは、ブハーリーのものを含めさまざまなハディースの集成から再構成したものである。

割礼については、一部のハディースにおいてその必要性が説かれている。「割礼は男性にとってスンナであり、女性にとっての栄誉です」(「ムスナド・アフマド伝承集」)といった伝承がある。しかし、こうした伝承は、ブハーリーのものには含まれておらず、信憑性は低いと考えているイスラム教の学者も少なくない。

コーランの場合には、ムハンマドが亡くなってから、比較的早い段階で成立したため、それは一つで、異本など存在していない。

ところが、ハディースについては、事情は大きく異なる。伝承の数は多く、そのなかには、本当のものもあれば、偽物もある。しかも、その区別が明確にはなされていないのである。

そこには、イスラム教の特殊性がかかわっている。

イスラム教では、神が絶対の権威とされ、そのもとにある人間はすべて平等であると考えられている。これは、現在イスラム教が広がっている地域で、平等な社会が実現されていることを現実として意味するわけではないが、理念として人間は平等であり、権威を持つ人間と持たない人間が区別されることはないとされるのである。

したがって、いくつもあるハディースの集成のなかで、何がもっとも権威があるものなのか、それは決まっていない。そこに含まれる個々の伝承にしても、それが真実のものであるのか、偽のものであるのか、それを決定する権限を持つ人間はどこにも存在しないからである。

それは、組織というものを生まないことに結びついていく。組織には上下の関係がある。下の者は上の者の命令、指示に従う。そうでなければ、組織を維持し、運営することはできない。人間の権威が認められないということは、上下の関係が生まれず、統率がとれないことを意味する。

したがって、イスラム教には、基本的に組織というものが存在しない。他の宗教なら必ず組織がある。キリスト教なら教会が組織で、カトリック教会になれば、世界最大のグローバルな組織である。

仏教でも、日本について考えれば、宗派という教団があり、個々の寺院には檀家による組織が存在する。

ところが、イスラム教の場合、モスクはあくまで礼拝のための施設であり、誰もそこに所属しているわけではない。モスクの維持運営のために金を出す人間はいる。それは、イスラム教徒の義務の一つである喜捨ということになるが、喜捨をする人々が組織化されているわけではない。個人個人でそれを実行に移すのだ。

法人というものも、本来なら、イスラム教の世界では認められない。組織に人格を与えるなどということは、コーランにもハディースにも記されていない。神が創造した以外のものは偶像であり、それは認められないのだ（橋爪大三郎「なぜイスラム世界には『法人』が存在しないのか」『PRESIDENT Online』2019年9月28日）。

組織が発達した日本の社会に生きていると、イスラム教の世界の原理は理解が難しい。こうしたイスラム教のあり方は、たんに宗教上の教えによって規定されているだけではなく、イスラム教が生まれた地域の事情にも強く影響されているように思われる。伝統的に組織が発達しない社会にイスラム教が広がったとも言えるのだ。

どのハディースが真正なものなのか、それは定まっていない。権威が認められない以上、それを決める権限を持つ人間は、たとえ、イスラム教の法学を学んできた学者にもいないのだ。

イスラム教の法学者は、「ファトワー」という声明を出す。具体的な事柄について、学問的な立場から見解を発表するのだ。なにしろ、コーランやハディースは、古代に生まれたもので、現代にはそこで言及されていないものがいくらでも存在している。車などはどの代表だ。だからこそ、ファトワーが必要になってくる。ファトワーは、根本的には、学者だけではなく、あらゆるイスラム教徒に開かれている。学者が権威だというわけではないからである。

そうしたファトワーのうち、どれが正しいものなのか、イスラム教の原理からして、判断を下すことはできない。ある法学者が言っているというだけの意味しか持たない。ただ、現実には、信頼に値すると考えられている学者がいて、そのファトワーに従うイスラム教徒は多い。

なんとも不思議な世界である。逆に考えれば、融通を効かせることがいくらでもできる世界である。このファトワーに従いたくないということであれば、別のファトワーを探してくればいいのだ。

日本人がイスラム教は戒律が厳しいと考えてしまうのも、そうしたイスラム教のあり方について十分に認識していないからである。逆に日本では組織が発達し、そこに所属した人間は、組織の規則や命令に従わなければならない。イスラム教では、そもそも組織がないので、その必要がないのである。

そうしたイスラム教の特徴を理解しないと、思わぬ誤解が生じる。では、ハディースを生んだムハンマドという人物をどのようにとらえるべきなのだろうか。

ユダヤ教のモーセは、あくまで人間であり、神から戒律を授けられる立場にある。これに対して、キリスト教のイエス・キリストの場合には、一方では、人間であるとされているものの、その一方では、神と一体であるとされ、神としての性格と人間としての性格を併せ持つとされている。だからこそ、神と聖霊とともに三位一体の一位格を構成しているわけである。

ムハンマドは、あくまで人間であり、神としての性格を持っているわけではない。その点ではモーセと共通する。

しかし、ハディースの存在は重要である。ムハンマドにまつわる伝承は、イスラム教徒の模範であり、行動規範としてとらえられているからである。

そして、そこにもブラックボックスであることが深くかかわってくる。

分かりやすい例として、巡礼のことを考えてみよう。巡礼は、礼拝や断食、喜捨とともにイスラム教徒に課された5つの信仰上の義務「五行」のなかに含まれ、イスラム教徒であれば、生涯に一度はメッカに巡礼するものと定められている。

イスラム教が世界的な広がりを見せ、18億人とも言われる膨大な数の信者を擁している。そのため、現在では、誰もがメッカに巡礼できるわけではなくなっている。メッカ巡礼は巡礼月に行われるが、そのときそこに参加できるのは200万人程度である。それに、かなりの費用がかかる。

メッカ巡礼でもっともよく知られているのは、カアバ神殿をめぐる「タワーフ」である。膨大な数の信者たちが、神殿の周りを回る光景は圧巻で、写真によって報道されることが多い。

ただ、タワーフは、巡礼全体からすれば、最初に行われる準備段階のようなものである。その後、サファーとマルワと呼ばれる丘のあいだを駆けることになり、さまざまな行事が続いていく。

これについて、真正集には、次のような伝承が見られる。


イブン・ウマルによると、預言者は神殿の周りで最初のタワーフを行うとき、まず3回走って巡り、次に4回歩き、その後でアッ・サファーとアル・マルワの間を駆けるときは川床を走った。


現在でも、イスラム教徒はこれに従って巡礼を行っている。

しかし、なぜ3回走って、4回歩くのか、その理由については、ハディースには何も述べられていない。コーランにもそれに関連する記述はない。この伝承は、ムハンマドが亡くなる前、最後の巡礼を行ったときのやり方を示したものだが、その理由については明らかにはされていないのだ。

ハディースのなかには、理由を示したものがないわけではない。それは、伝承者が預言者に対して質問をしたときのものである。理由を尋ねなければ、預言者は、自分がしたやり方について説明したりはしないのだ。

イスラム教の伝統では、ムハンマドが生きていた時代が、もっとも純粋な信仰が保たれていたと考えられている。それが、時代が進むにつれて、しだいに純粋さを失っていったととらえられる。もっとも純粋な信仰が追求されていた時代のことが模範とされているわけで、それがなぜ正しいやり方なのかはブラックボックスである。

人は、理由が明らかで、それに納得できるから、それに従うわけではない。理由が説明されなくても、言われたことにそのまま従ってしまう傾向がある。

それは、誰かから、「これは健康にいいよ」と言われ、健康法を勧められたときに起こることである。その覚えは誰にでもあるだろう。新しい健康法についての情報がもたらされると、これまで知らなかったというだけで、それを信じ、実行に移してしまうのだ。「これは健康法としていいらしいよ」で十分なのだ。

むしろ、逆に理由が説明されても、それにはさほど関心を向けない。健康食品やサプリメントなどは、それに含まれる成分を説明して宣伝をするが、それを使う側は、本当にそれに効用があるのかどうか、改めて調べてみたりはしない。効きそうだ、効果がありそうだと思えば、それを信じ、使ってみようとするのである。

ＡＩがさまざまな分野で成果を上げれば、その活用範囲は広がっていく。その際に、なぜそれが正しい答えなのかは問われない。

今では、株取引にもＡＩは活用されている。ここでも結果だけがすべてで、儲けが出れば、ＡＩは信頼され、活用されるのだ。

ＡＩがよく当たる占いのようだと言われることは、重要である。占いは予言とも呼ばれ、それを行う人間は予言者と呼ばれる。日本語では、予言者と預言者とは区別され、ムハンマドや旧約聖書に登場するのは預言者、人々の将来の運命を占うのは予言者とされている。

しかし英語などでは、預言者も予言者も同じことばである。ｐｒｏｐｈｅｔは、どちらにも使われる。ＡＩが、よく当たる占いであるということは、預言者として信頼に値するということを意味する。

私たちが、よく当たる占いを信用すると言えば、危ういように感じられるかもしれない。だが、ＡＩが信頼に値する預言者であるとすれば、たとえそれがブラックボックスであっても、人はそれに頼る。さらには、決定を委ねていく。ＡＩによる株取引など、莫大な金がＡＩに委ねられている。その分野がこれから、さらに拡大されていったとしても、少しも不思議ではないのである。

第五章　ゾーンに入るという経験

ＡＩが神になるというとき、それはどのような神なのだろうか。

神とは何かについては、３章で詳しく説明した。

大きく分ければ、一神教の神と多神教の神に分けられる。

仮にＡＩがシンギュラリティに到達したとするなら、人間の知能や知性を超えることになり、それは、一神教で信仰される唯一絶対の神に近づくことになる。もちろん、ＡＩは、神による世界の創造からすれば、はるか後に世界に登場したわけで、それ自身が世界を創造したというわけではない。だが、人間がＡＩの決定に従い、自らの運命をそこに委ねるようになったとしたら、ＡＩの役割は神と共通するものになっていく。

しかし、その一方で、同じ神という名称が使われるにしても、多神教の神となると、その性格は変わる。多神教の神は一神教の神とは異なり、創造神でもなければ唯一絶対の神でもない。本居宣長の定義に従うならば、日本の神は、鳥獣や木草、さらには海山にまで及ぶ。当然、そこには人も含まれる。

一神教では、人は被造物であり、神によって創造された存在である。神と被造物との間には絶対の距離があり、被造物はそれを乗り越えることができない。人を神として祀るなど想像もできないことである。また、あってはならないことである。

ところが、人を神として祀ることは、多神教の世界では可能なのである。

日本の場合で見てみよう。

それについて書いているのが、日本の民俗学の創始者である柳田國男である。柳田は、『民族』という雑誌の大正15年11月号に、「人を神に祀る風習」という論文を書いている。

柳田は、この論文の冒頭で、「かつて我々の間に住み、我々とともに喜怒哀楽した人たちを、その死後一定の期間が過ぎ、もしくは一定の条件の下に、おおよそ従来の方法に遵《したご》うて一社の神に斎《いわ》い、祭り拝みかつ禱《いの》るということが、近い頃までの日本民族の常の習わしであったことは、これを認めない者はないであろう」と述べている。

100年くらい前に書かれた文章なので、分かりにくいところもある。何より、柳田独特の文体で書かれており、それが理解を妨げている面はある。柳田の指摘していることは、要するに、日本人は昔から条件にかないさえすれば、人をその死後に神として祀ることを習わしとしてきたということである。

柳田がその具体的な例としてあげているのは、悪源太義平を祀った若宮八幡、新田義興を祀った新田八幡、足利忠綱を祀る皆沢八幡などである。柳田は、亡くなった武将を祀ったものは、「新八幡」と呼ばれ、戦国時代にもっとも盛んになったと述べている。

柳田は、「八幡神社の今日のごとく盛んな分布には、あるいは怨霊の統御という信仰が一大原因をなしていたのではないか否か」と述べ、戦死した武将の霊が怨霊となって祟ることが怖れられ、それで武家の神である八幡として祀られることが多くなった可能性を示唆している。日本のなかでもっとも多い神社は八幡神を祀る八幡神社、八幡宮である。

怨霊を神として祀るということでは、いくつかの例がすぐに思い浮かぶ。

もっとも著名な例としては、右大臣にまで登り詰めたにもかかわらず、失脚し、太宰府に左遷されて亡くなった菅原道真のことであろう。道真は、死後に数々の祟りを引き起こしたということで、京都の北野天満宮に祀られた。

あるいは、承平天慶の乱を起こした平将門の首は京の都大路でさらされた後、現在の東京都千代田区大手町にある首塚にまで飛んでいったという伝承がある。14世紀初頭に疫病が流行したときには、将門の祟りということが言われ、その霊は首塚近くの神田明神（神田神社）に祀られることとなった。これも将門の怨霊を鎮めるためであった。

怨霊でない場合にも、神として祀られることがあった。戦国時代から江戸時代にかけては、天下を統一した武将が神として祀られている。豊臣秀吉や徳川家康が、その具体的な例となる。

秀吉は、その死に際して、自らが発願して創建された方広寺の大仏の鎮守、八幡（新八幡）として祀るよう遺言したとされる。これは、柳田が指摘している事例の延長線上のことである。

秀吉の遺言については、イエズス会の宣教師、フランシスコ・パシオが記録している。パシオは、秀吉は「シンハチマン、すなわち、新しい八幡と称されることを望みました。なぜなら八幡は、往昔のローマ人のもとでの（軍神）マルスのように、日本人の間では軍神として崇められていたのです」と述べている（ルイス・フロイス『日本史2』の付録「フランシスコ・パシオ師の『太閤秀吉の臨終』についての報告」松田毅一・川崎桃太訳、中央公論社）。

ただし、死の直前、慶長3年（1598年）8月4日に秀吉が残した遺言状では、6歳の子どもである秀頼の行く末を徳川家康など5人の大老に託すと述べられてはいるものの、自らが死後に新八幡として祀られることを願うとはされていない。

秀頼が、翌年の3月5日、前田玄以を通して朝廷に奏上した文書では、「ゆいこんに、あみたのたけの大しやにいわられたきのことにて」とある（『お湯殿の上の日記』慶長4年3月5日条。これは、御所に仕える女官たちの日記）。

あみたのたけとは、方広寺のすぐ東方にある阿弥陀ヶ峯のことであり、秀吉は実際にそこに葬られた。ここでは、「大しや（大社）」と言われるだけで、秀吉が新八幡として祀るよう遺言したとはなっていない。新八幡として祀られたいという意思が秀吉にあったのか、これは怪しいということになる。

結局、秀吉は、豊国神社に豊国大明神として祀られる。その後、豊臣氏は家康によって滅ぼされ、豊国神社は社領を没収された上に破却されてしまった。神体は方広寺の大仏殿に移された。現在の豊国神社が再興されるのは明治に入ってからのことである。

家康の場合にも、遺言が残された。それは、家康の側近であった金地院崇伝による『本光國師日記』にあるもので、その日記の元和二年（1616年）卯月四日のくだりには、家康が亡くなった後、遺体は家康の生地である駿河国の久能山に埋葬し、葬儀は、菩提寺である増上寺で行い、位牌は徳川家のもともとの菩提寺である三河国の大樹寺に安置するよう指示されていた。さらには、一周忌が過ぎた時点で、日光山に小さな堂宇を建てて、家康の霊を勧請し、関八州（現在の関東地方）の鎮守にせよとも指示されていた。これが、日光東照宮の創建に結びつく。家康はそこで、東照大権現として祀られることとなった。

明治に時代が変わると、人を神に祀ることが盛んに行われるようになる。まず、藩主を地元で祀ることが積極的に行われるようになった。あるいは、明治維新を実現させる上で思想的に大きく貢献した国学者や幕末の志士、維新政府の重臣や軍人などが祀られていく。本居宣長の本居神社、平田篤胤と佐藤信淵の彌高神社、吉田松陰の松陰神社、三条実万と実美の梨木神社、乃木希典の乃木神社、東郷平八郎の東郷神社などである。

また、明治時代前半には、天皇に対して忠を尽くしたということで、南朝の天皇や皇族、そして忠臣を祀る神社の創建が相次ぐ。後醍醐天皇の吉野神宮をはじめ、護良親王の鎌倉宮、宗良親王の井伊谷宮、懐良親王の八代宮、尊良親王と恒良親王の金崎宮、楠木正成の湊川神社、新田義貞の藤島神社などである。ほかに、この系統としては、菊地武時一族の菊地神社や北畠親房一族の阿倍野神社ならびに霊山神社などがあった。

明治に入るまで、天皇が神として祀られることはなかった。その点で、吉野神宮は画期的なものだが、ほかにも、歴史上重要な天皇が神として祀られるようになっていく。初代の神武天皇は橿原神宮と宮崎神宮に、平安京を開いた桓武天皇と明治天皇の父である孝明天皇は平安神宮に、そして、これは大正時代になってからのことだが、明治天皇は明治神宮に祀られるようになる。

さらに、官軍の戦没者を祀った東京招魂社から発展した靖国神社や、各県に設けられた護国神社が新たに誕生した。靖国神社は、その後、日本が対外戦争を行うようになると、その戦没者を祀るようになり、現在では２４６万６５８４柱の祭神を祀っている。次々と祭神が増え、膨大な数を祀っている点で靖国神社は異色の存在である。

ただ、ここまで挙げた事例は、権力者や軍人などであり、一般の庶民はその対象にはなっていない。もちろん、靖国神社に祀られた祭神の多くは、徴兵されて軍隊に入ったもので、職業軍人ではない。その点では、庶民も神として祀られたことになる。また、戦没者には、軍人だけではなく、軍隊に雇われた軍属も含まれる。

神として祀られる人間の範囲を大きく広げたのが、人を神に祀ることについての論文を書いた柳田國男であった。柳田は、終戦直後に刊行した『先祖の話』という本のなかで、その点について言及している。

柳田は、親譲りの「仏教嫌い」だった。外来の仏教の信仰に対して徹底的に否定的で、日本人の固有信仰が仏教の影響を受けることなしに成立したことを証明しようと試みた。そのため、自らの試みを、「新国学」と名づけ、「漢意」を排そうとした本居宣長の国学にならおうとした。

したがって柳田は、『先祖の話』のなかで、日本人は死後、仏教が説く西方極楽浄土のようなはるか遠くの世界に赴くのではなく、自らが住んでいた場所のすぐ近くにある山にとどまって山の神となり、春には里に下って田の神となり子孫の生活を守護するのだという説を展開した。これは、篤胤が説いていたことをもとにした考え方であった。

柳田が『先祖の話』を刊行するまで、果たしてそうした信仰が実際に日本の民俗社会において定着していたかどうかかどうかは分からない。だが、この説は、稲作農家の生活の実情と重なるものであったため、広く受け入れられた。

柳田の説く先祖は、それぞれの家の守護神としての役割を果たすものである。そうした先祖は、仏教の儀礼で弔われることで「仏」と呼ばれたが、その役割は家を守ることにある点で共通した。そこに、この考え方が広く受け入れられた要因がある。

先祖が神であるとすれば、誰もが死後には神になる可能性を有していることになる。稲作農家に生まれれば、その家をもり立てていくことに力を尽くさなければならない。そうでなければ、農家の生活は成り立たず、それを子孫に受け渡していくこともできない。それは、農民として目覚ましい働きをしたということであり、宣長の神の定義に当てはまる。それは、農家でなくても、家が生産の場になっているところに生まれた人間全般に共通する。

日本は、誰もが神になりうる社会であるということになる。しかも、その傾向は、近代になってむしろ強まった。そこには、近代国家の形成ということがかかわっており、家の重要性が増したことが関係する。

明治国家は、天皇を頂点に戴く家父長制の国家であり、それぞれの家においても、戸主の権限の強い家父長制がとられた。戸主の権威を確立するために、死後に神として祀る体制が生み出されたのだった。

戸主以外の人間が先祖として、神として祀られるのかどうかということになると、含まれない可能性が出てくる。しかし、その家の先祖と言ったとき、戸主だった人間のことだけが思い起こされるわけではなく、その家で生活した人々が全体として子孫の頭に浮かんでくることだろう。その点では、神の範囲はあらゆる人間にまで広がっていく。それは、宣長の定義を超えてしまったとも言える。

こうした日本の神は、もともとは人間だったわけだから、一神教の世界では被造物ということになる。被造物が神になることはない。それが一神教の原則であり、鉄則である。

ただし、一神教の世界においても、人間が信仰を集めることがないわけではない。それが、キリスト教の聖人、聖者である。聖人となるのは、もともとは殉教者だった。最初の殉教者はステファノで、その墓には多くの巡礼者が集まってきた。殉教者は貴いということで信仰の対象になったのである。

それ以降、キリスト教の歴史の上には、数多くの聖人が登場する。プロテスタントのほとんどの宗派では聖人を認めないが、カトリックや東方教会では、聖人を認め、その信仰が広まっている。殉教しなかった場合でも、死後に遺体が腐敗しないとか、祈願した人間の病を癒したという奇跡を引き起こした人物は聖人と認められるようになる。

イスラム教でも、聖人に対する信仰があり、その墓が信仰の対象になったりする。こうした聖人は、日本で人を神として祀ったことと重なる。ただ、聖人が神とされることはない。

一神教の神と日本のような多神教の神に対して同じ神ということばを使っていいかどうかについては議論がある。両者の間には決定的な違いがあるからである。

しかし、一神教の神でも、それは人格神とされ、人間と同じように考え、その考えをことばを通して伝えてくるとされてきた。一つの人格を持つ存在としてとらえるならば、一神教の神と多神教の神とは変わらない。同じ神ということばが、どちらにも使われてきた背景には、このことがあるのではないだろうか。

一神教の神は、世界の創造以前から存在しているわけで、死とは無縁であり、永遠の存在である。

日本の神の場合、神話に登場するものは、伊邪那美命がそうであるように、命を落とすこともある。けれども、すべての神の死についてふれられているわけではない。少なくとも天照大神が死んだという話はなく、今も伊勢神宮の内宮に祀られている。ほかにも、天照大神を祀った神社は日本全国に鎮座している。

その一方で、人の場合には死後に神になるわけで、死を境に神の領域に入って行く。いったん神として祀られれば、死ぬことはない。その点では、日本の神々も永遠の存在である。

問題は、生きている人間がそのまま神に成りうるのかということである。そのことも考えてみる必要がある。

生きたまま神になるということでは、第3章でふれた生き神というものがある。天理教の中山みき以外にも、近代になってから多くの生き神が生み出されてきた。金光教の金光大神、大本の出口なおがその代表である。あるいは、戦後すぐの時代に注目された璽宇の璽光尊や、天照皇大神宮教の北村さよなども生き神として信仰を集めた。

こうした生き神の場合には、神が憑依するわけで、憑依した状態としていない状態とが区別される。

だが、ここで考えてみたいのは、こうした憑依とは異なる形で生きた人間が神になる可能性である。「神がかる」ということばは、もともとは憑依からくるものだが、ある人間が、普通とは異なる状態になることも意味している。神がかった人間が行う行為が「神業」だ。これは、現代の「神」ということばの使い方と重なる。

第2章で、藤井聡太が対戦中に示す集中力についてふれたが、そこには、人間が自らの枠を超え、神の領域に近づいていく可能性が示唆されている。それは、藤井に限らず、神業を披露する人間全体に共通して言えることである。

このことを考えようとする際には、日本の代表的な哲学者、西田幾多郎が、『善の研究』という書物のなかで論じた「純粋経験」がヒントになる。

西田は、1870年5月19日に加賀国河北郡森村（現在の石川県かほく市森）に生まれ、京都帝国大学で哲学を講じた。その影響は大きく、多くの弟子を育てたことで、「京都学派」と呼ばれる哲学の学派を生むこととなった。京都の観光名所の一つ、哲学の道は、京都学派の面々が散策したことがその名の由来となっている。

『善の研究』は、1911年に刊行されたもので、哲学をブームにするほど大きな影響を与えた。

『善の研究』は、四編から構成されており、第一編が「純粋経験」である。以下、第二編は「実在」、第三編は「善」、第四編は「宗教」となっている。

西田は、「序」において、『善の研究』に収められた文章を、京都帝国大学に移る前年まで勤めていた第四高等学校（現在の金沢大学）において教鞭を執っている間に執筆したと述べている。第四高等学校は西田の母校でもあった。

西田は、四編の執筆の順番について、第二編と第三編が最初に出来て、次に第一編と第四編という順番で付け加えられたと述べている。その上で西田は、「第一編は余の思想の根柢である純粋経験の性質を明らかにしたものであるが、初めて読む人はこれを略する方がよい」と、読む際に注意するよう促している。

たしかに、西田が第一編において純粋経験について述べた部分は難解で、いったい何を言おうとしているのか、その本質をつかむのはかなり難しい。それに比べれば、第二編以下の方が具体性もあり、分かりやすい。

しかし、西田は、「純粋経験を唯一の実在としてすべてを説明して見たいというのは、余が大分前から有っていた考であった」と述べており、純粋経験が彼の哲学の根本にあることは間違いない。実際、純粋経験の部分にこそ、西田哲学の独創性がある。もし『善の研究』に第一編が収められていなかったとしたら、この書物が話題を呼ぶこともなければ、今日まで読み継がれることはなかったであろう。

純粋経験ということばは、西田の独創ではなく、それを使った先駆者がいる。それがアメリカの哲学者、心理学者のウイリアム・ジェームズであった。ジェームズは１８４２年に生まれ、『善の研究』が刊行される前の年、１９１０年に亡くなっている。ジェームズの哲学は、アメリカで発展したプラグマティズムの伝統のなかに位置づけられており、主要な著作としては『宗教的経験の諸相』、『根本的経験論』などがある。

私のように宗教学を学んできた人間にとっては、ジェームズは重要な存在であり、とくに『宗教的経験の諸相』は必読書になっている。というのも、それは、さまざまな人物の宗教体験についてふれたものであり、それがいかなるものかを学ぶには格好の書物だからである。

ジェームズの思想は文学の世界にも影響を与えている。とくに、１８９０年に刊行された『心理学の原理』で提唱された「意識の流れ」という考え方は、２０世紀において文学の手法として重要な意味を持った。こころのなかに生み出されてくる人間の意識の働きを、そのまま描き出していくことが意識の流れである。この手法を用いた作家としては、ジェームス・ジョイス、ヴァージニア・ウルフ、ウィリアム・フォークナーなどがあげられるが、日本では夏目漱石が、この手法を「坑夫」や「門」といった作品のなかで用いている。

ジェームズは、「哲学、心理学と科学的方法」誌(The Journal of Philosophy, Psychology and Scientific Methods)の1904年9月1日号に、"Does 'Consciousness' Exist?"という論文を発表している。これは現在、岩波文庫版『純粋経験の哲学』(伊藤邦武編訳)の第一章に、「『意識』は存在するのか」として収められている。

そのなかでジェームズは、純粋経験について次のように述べている。

わたしのテーゼはこうである。もしわれわれが世界の内にはただ一つの原初的な素材や材料のみが存在し、この素材によってすべてのものがつくられているのだという想定から出発するならば、そして、もしもわれわれがこの素材を「純粋経験」と呼ぶのであれば、そのときには、認識するという作用は、純粋経験の特定の部分同士が互いにもちうる関係として容易に説明できるであろう。

世界というものを作り上げる根本的な素材が純粋経験であり、それが他の純粋経験と関係を持つことで、認識が生まれるというのである。

哲学の論文であるために、理解が難しいが、ジェームズは、1912年に刊行された『根本的経験論』のなかでは、純粋経験とは plain, unqualified actuality or existence であるとしている。単純で無条件の活動、ないしは実在だというのである。ここで言う無条件とは、特定の意味が与えられていないということである。

そして、具体的に言えば、「ただ生まれたばかりの赤ん坊、あるいは睡眠、麻酔薬、病気とか打撲とかのために半ば昏睡状態にある者」（桝田啓三郎・加藤茂訳『根本的経験論』白水社）の経験だとしている。

赤ん坊は、まだことばを知らない。昏睡状態にある者も、何かを感じているが、自分が感じていることを理解し、ことばとして表現することができない。もっとも原初的な経験、純粋経験は、そのようなものだというのである。

このジェームズのとらえ方が、西田に影響を与えていることは間違いない。西田は、『善の研究』第一編「純粋経験」の第一章「純粋経験」を次のようにはじめている。

　経験するというのは事実其儘《そのまま》に知るの意である。全く自己の細工を棄てて、事実に従うて知るのである。純粋というのは、普通に経験といっている者もその実は何らかの思想を交えているから、毫《ごう》も思慮分別を加えない、真に経験其儘の状態をいうのである。たとえば、色を見、音を聞く刹那《せつな》、未だこれが外物の作用であるとか、我がこれを感じているとかいうような考のないのみならず、この色、この音は何であるという判断すら加わらない前をいうのである。

私たちが何かを経験したとき、その最初の時点では、自分が経験している対象がいかなるものであるのか、それを認識していない。ただ、すぐにそれが何かを過去の経験にもとづいて認識し、何であるかを判断していく。

純粋経験をとらえるのが難しいのは、認識が生じるまでの間がごく短いものだからである。それは瞬間の出来事で、あっと言う間に認識作用がはじまってしまう。純粋経験をそのような形でとらえるところで、西田はジェームズの議論をそのまま受け継いでいる。

またジェームズは、純粋経験は、文節化され、何らかの意味を持つものとして理解されるようになった段階でも、消え去ってしまうわけではないとしている。そして、文節化された瞬間に新たな純粋経験が生まれるとしている。

こうしたジェームズの純粋経験のとらえ方も西田に影響している。西田は、純粋経験が純粋であるのは、単一で分析ができず、瞬間的だというところにあるのではなく、意識の統一にあるとする。赤ん坊の意識は、明暗の区別すらしていないが、混沌とした統一である。そこからさまざまな意識状態が分化、発展していったとしても、純粋経験が失われるわけではない。純粋経験は、立脚地となって、意識の発展する土台になっているというのである。

このように、西田の純粋経験についてのとらえ方は、ジェームズの議論を基礎にしているわけだが、西田が、『善の研究』の冒頭ので述べていることに続けて、「自己の意識状態を直下に経験した時、未だ主もなく客もない、知識とその対象とが全く合一している。これが経験の最醇なる者である」としている箇所は注目に値する。西田は、これについて『善の研究』の別の箇所では「主客合一」と呼んでいる。最醇とは、最純と同じ意味だ。ただ、一般の辞書には載っていないことばである。もっとも早く最醇を使ったのは北村透谷の「内部生命論」かと思われるが、西田の後には倉田百三が使っている。

主客合一の方は西田の造語だ。西田は、それを「主客未分」とも呼んでいる。

どちらも、主体と客体、自分と対象とが分かれていない状態のことをさす。純粋経験においては、そうした状態が訪れるというのだ。

主客未分ということばを聞いたとき、禅について詳しい人なら、「父母未生以前の本来の面目」ということばを思い出すのではないだろうか。これは、禅における「公案」の代表的なものである。公案は、禅宗のなかでもとくに臨済宗で用いられるもので、禅の修行を進めてきた老師が、修行僧に対して与える課題である。修行僧は、与えられた公案について座禅しながら考え、答えを見出していかなければならない。公案の代表的なものとしては、ほかに「隻手《せきしゅ》の声」、「狗《く》子仏性《しぶっしょう》」、「祖師西来意」などがある。

父母未生以前の本来の面目とは、「お前の父や母がまだ生まれていないときの、お前の本来の面目は何か」を問うたものである。常識で考えれば、まったく矛盾している問いになる。自分の両親がまだ生まれていない段階では、自分などまったく存在しないからである。だが、公案というものは普通に考えるとまったく理解できない問いになっている。隻手の声だと、両手を叩くと音がするが、では片手を叩いたらいかなる音がするかという問いである。

父母未生以前の本来の面目という公案については、漱石の「門」のなかに出てくる。「門」の主人公である宗助は、親友から妻を奪った経験をしていて、今は、崖の下にある家でひっそりとその妻と暮らしている。ところが、その親友が自分が借りている家の大家を訪れようとしていると聞いてしまう。そこで、鎌倉の寺へむかい、そこで参禅するのだが、そのとき与えられた公案が、これだった。なお、そこには、漱石自身の参禅体験が下敷きになっている。

漱石は、宗助が坐禅を組みながら公案に取り組んでいる際に、彼のこころのなかにどういったことが生起したのかをそのまま描いている。それは、ジェームズの言う意識の流れの手法を用いたものである。ここには、ジェームズの哲学と禅との関係性が示されているとも言えるが、西田は漱石以上に禅に親しんだ人物である。西田は、くり返し参禅した経験を持っている。

『善の研究』がしばしば『禅の研究』と誤解されるのも、そこには、西田と禅との深いつながりがあるからである。禅を西欧に紹介する上で大きく貢献した鈴木大拙は、西田と同じ年の生まれで、第四高等学校の同級生であり、生涯にわたって交流を重ねた。ただ、『善の研究』には禅のことはまったく言及されていない。

臨済宗と並ぶ禅の宗派である曹洞宗を開いた道元は、ひたすら坐禅に打ち込むことを説き、それを「只管打坐《しかんたざ》」と呼んだ。したがって、曹洞宗の修行僧たちは、禅の道場において昼夜にわたって坐禅を組み続けることになる。

坐禅は、さまざまな宗教で実践される瞑想法の一つだが、仏教においてはそれを開いた釈迦の悟りが問題になってくる。釈迦の悟りは究極のものとされるが、それがいかなるものなのか、どうやったら悟りに到達できるのか、釈迦自身のことばや説明は残されていない。

したがって、後の仏教徒は、釈迦の悟りがいかなるものであり、そこに到達するにはどういった方法をとればいいのかを考えざるを得なかった。それを考えた成果が各種の経典に示されている。

禅の場合には、坐禅によって悟りに近づいていこうとするわけだが、「不立文字《ふりゅうもんじ》」ということばもあり、究極の真理はことばによっては表現されないという立場をとる。それは、坐禅によってもたらされる境地が、ことばを超えた世界であることを示唆する。

悟りというと、一度悟りを開けば、それで真理に目覚め、揺るがないこころを得ることができるように考えられているかもしれない。

だが、坐禅に終わりはない。それによって何かを悟ったとしても、それは通過点に過ぎず、修行は死ぬまで続くのである。

曹洞宗の総本山である永平寺で長く修行した南直哉は、修行をはじめて7、8年が過ぎた頃、「坐っている最中、気力というかエネルギーというか、内部に何かの力が充実してくる感覚」が生まれるようになり、周囲からは後光がさしていると言われるようになったという。

それで、本人は悦に入っていたのだが、永平寺に新しい貫首として入ってきた93歳の宮崎奕《えき》保《ほ》禅師の坐禅する姿に接して、自らの坐禅の方向性が間違っていたことを悟ったという。宮崎禅師の坐禅する姿は、「まるで木か石でできた置物」で、息をしている気配さえないのに、異様な存在感があったというのだ。

禅の道場には、「頂相《ちんぞう》」、もしくは「頂像」という禅の老師の肖像が絵として飾られていたり、彫刻として置かれている。それは、禅の悟りがいかなるものかを示すためだとされるが、宮崎禅師は、まるで頂像のように見えたのであろう。

仏教の悟りの世界は、「涅槃」とも呼ばれる。それは、生死を超えた究極の境地を指すが、同時に釈迦が亡くなったときのことも涅槃と呼ばれる。

あるいは、高僧が亡くなることは、「入定」や「入滅」とも呼ばれる。真言宗の総本山である高野山では、宗祖の空海は亡くなったのではなく、入定したのだと言われ、今日でも、空海が入定した奥之院では日に2度食事が供されている。比叡山でも、それを開いた最澄は入定したとされ、浄土院で空海と同じ扱いを受けている。

悟りは、人間の生命活動を超えた領域での出来事であり、そこに到達するための手段として、禅宗では、坐禅や公案を用意している。生死の境目を乗り越えていかなければ、悟りの世界に近づくことができないのだ。仏教では、そこに至った人間のことを「生仏」と呼ぶ。

南は、宮崎禅師の坐禅する姿から、道元の説いた「非思量」ということに思い至ったと述べている。非思量とは、相対的な観念を捨てた無分別の境地だとされる。南はもちろん、それまでにそのことばを知り、意味するところを理解はしていただろうが、それが本当に何を示しているのかを、そのときになってはじめて知ったというのだ（「真に目指すべき坐禅の心とは？「七色の後光」ではなく「木や石の置物」へ」『現代ビジネス』２０１９年7月２４日）。

非思量の反対の思量とは、いろいろと思いをめぐらすことである。思いをめぐらすということは、そこに意志が働いていることであり、意味を求めるということにつながる。

そこには思慮分別が加わっているわけで、それは純粋経験とは言えない。逆に、思いをめぐらすことのない非思量は、まさに純粋経験のことをさしている。

非思量を求める禅は、純粋経験を求める行であるととらえることができる。禅の初心者は、坐禅を組み、それで煩悩の世界から離れなければならないと感じるが、頭のなかには、さまざまな思いがとりとめもなく浮かんでくる。それは、「門」において宗助が体験するところである。

修行僧は、禅の修行を重ねることによって、非思量へと近づいていくわけだが、南が述べているように、その道はなかなかに険しい。

西田がいくら参禅の体験をくり返したからといって、非思量の境地にまで達したとは思えない。だが、参禅の体験を通して、禅がどういったことをめざしており、悟りというものが何なのかを垣間見ることはできたのだろう。西田の純粋経験の理解には、参禅の体験が反映されている。

では、主客合一、主客未分の純粋経験とはいかなるものなのだろうか。

それは、決して特別なものではない。西田は、「余は凡ての精神現象がこの形において現れるものであると信ずる」と述べている。この形とは、純粋経験のことである。

そして西田は、純粋経験というものが、時間的に継続性を持ち、一定の時間続くものであるとし、その具体例をあげている。「たとえば一生懸命に断崖を攀《よ》ずる場合の如き、音楽家が熟練した曲を奏する時の如き」が、それだというのだ。こうしたときには、「注意は始終物に向けられ、前の作用が自ら後者を惹起しその間に思惟を入れるべき少しの亀裂もない」というのである。

断崖を登っているとき、少しでも油断してしまえば、足を滑らせ、落下してしまうかもしれない。そのため、登攀者は登るという行為に集中している。それは、音楽を演奏する場合も同じで、音楽家は演奏に集中している。主客ということで言えば、主体である登攀者や演奏者と客体である崖や楽器が一体のものになっているのである。

第2章で、将棋の森下卓が、名人戦で当時名人の地位にあった羽生善治と対戦したときのことにふれた。

そのとき、森下は自分がすでに勝っていると思っていたこともあり、将棋に集中していなかった。それは、純粋経験の観点からすれば、主客合一が崩れ、主体と客体とが分離してしまったことを意味する。そこを羽生は見逃さず、不利な状況から勝利をおさめることができたのである。

森下は、タイトル戦以外の一般棋戦では、8回優勝している。しかし、タイトル戦にかんしては、羽生との名人戦を含め6回挑戦しながら、一度も勝利をおさめることができなかった。タイトル獲得に王手をかけたこともない。タイトルをとれるかどうか、そこには純粋経験をめぐる深い溝があるのかもしれない。

ここで一つ考えなければならないのは、西田がなぜ純粋経験を自らの哲学の根本に据えたのかということである。そこにジェームズの影響があることは明らかだが、哲学にはさまざまな流れがあり、ジェームズの哲学だけが哲学史において決定的に重要だというわけではない。同時代に、漱石がジェームズに関心を抱いたという点では、時代がそれを促したと見ることもできる。けれども、やはり重要なのは西田の個人的な動機であろう。

西田は、京都帝国大学の教授にもなり、多くの弟子を育て、京都学派の祖とも仰がれることとなった。『善の研究』は現在でも読み継がれている。哲学者としては、これだけの地位にのぼりつめたのは、西田だけだとも言える。

だが、西田の生涯は必ずしも幸福なものではなかった。

西田は、第四高等学校に入学したものの、上からの押しつけに反発し、師と仰いだ北条時敬が第一高等学校に転任してしまったこともあり、学校を退学になってしまう。そのため、東京帝国大学に入学したものの、正規の学生になることができず、選科生として学ぶことになった。選科生とは聴講生のようなものである。

西田は、選科生がいかにみじめで、差別待遇を受けていたかについて次のように書いている。

「二階が図書室になっていて、その中央の大きな室が閲覧室になっていた。しかし選科生はその閲覧室で読書することがならないで、廊下に並べてあった机で読書することになっていた。三年になると、本科生は書庫の中に入って書物を検索することができたが、選科生には無論そんなことは許されなかった」というのである（「明治二十四、五年頃の東京文科大学選科」）。

この文章が書かれたのは、西田の晩年、1942年のことだった。西田は晩年まで、若い頃の自分が選科生としてみじめな思いをしたことを忘れていなかった。しかも、その悔しい思いをつづっている。それは彼にとって大いなる屈辱だったのである。

西田にとってそれ以上に不幸な出来事は、家族が次々と亡くなったことである。京都帝国大学の助教授に招かれてからは、まず、母を亡くした。その母の一周忌の直後、今度は妻が脳溢血で倒れ、6年間にわたって寝たきりになってしまう。

妻が倒れた翌年には、長男が腹膜炎を患い、22歳の若さで亡くなってしまう。その翌年には三女が結核になり、療養生活を続けなければならなくなる。さらにその翌年には、四女と六女がチフスになり、四女の方は高熱で脳に障害が残った。四女は、後に肺も病んでいる。こうしたことが立て続けに起こった西田の家の様子について、次男は、西田家の「襖は破れ、戸障子は自由に開かず、畳は汚れる有様であった」と書いている。

こうした家族内の悲劇は、西田が『善の研究』を刊行した後のことである。ただ、それ以前にも、西田は、父親の圧力でいったんは妻を離縁せざるをえなかったし、二女と五女を幼いときに亡くしている。さらに、妻と離縁させられた年には、第四高等学校の職を突然に失っている。あらゆる点で平坦な人生ではなかったのだ。

その点で、西田が哲学の営みを続ける上において、人間の幸福ということを追求しようとしたとしても不思議ではない。実際、『善の研究』においては、幸福ということばが１７回も登場する。

そのなかで、とくに注目されるのが、第二編第九章の終わりの部分である。西田は、人心の苦楽について述べるとし、「我々の精神が完全の状態即ち統一の状態にある時が快楽であって、不完全の状態即ち分裂の状態にある時が苦痛である」と記している。ここで言われる統一の状態は、純粋経験と言い換えてもいいだろう。西田は、「努めて客観的となり自然と一致する時には無限の幸福を保つことができる」と述べている。

純粋経験の状態にあるとき、人はそこに没頭し、自己と対象とが合一している。それは、瞬間的なものではなく、継続性を持つものであり、また、いったんそこに思慮分別が働いて合一が崩れても、すぐに新しい合一が生まれ、それもまた純粋経験となる。西田の純粋経験は幸福と重なる。もちろん、それが純粋経験である以上、その状態において幸福と感じることもない。それを幸福ととらえるのは、後にその状態を反省的にとらえるときにおいてである。『善の研究』における純粋経験の重視は、それが西田なりの幸福論だからなのである。

主客合一の純粋経験は、哲学の世界で語られるものだけに、高度で、普遍的ではないように思われるかもしれない。しかし、決して達人にだけ訪れる特異なものではない。

たとえば、ゲームに没頭しているとき、そこでは、ゲームをしている人間とゲームの世界とが一つになっており、それは純粋経験となる。

スポーツの試合をしているときや、それを観戦しているときも同じである。とくに、試合が白熱すれば、選手も観客も一体となり、その世界に没入していく。音楽や演劇などを鑑賞しているときにも、それが鑑賞者のこころをとらえるだけの優れたものであれば、純粋経験であると言える。

仕事に没頭できているときでも、それは純粋経験である。坐禅に取り組まなくても、人間はその人生においていくらでも純粋経験をすることができる。それこそが、幸福な状態なのである。ただし、それぞれの分野において秀でた才能を持つ人間は、純粋経験の状態に入りやすく、また、それを長く継続させることができるのだ。

西田は、音楽に熟練した演奏家の例を挙げているわけだが、素人だと、うまく演奏することができず、たびたびひっかかり、そこに没入することができない。とても主客合一にはなれないのである。

最近では、スポーツの選手が「ゾーン」ということばを使うことが多くなった。それは、集中が極限まで進み、周囲のことが意識からいっさい消え去り、感覚が研ぎ澄まされ、試合に完全に没入した状態のことを言う。ゾーンは、まさに純粋経験である。

純粋経験は、その個人にとって幸福な状態であるだけではなく、その人間の能力を最大限に引き出す。完璧に集中した状態は、神業を生み出す。それが生み出されたとき、人は神の領域に近づくのである。

第六章　ＡＩの純粋経験

第2章で述べたように、人類は戦争をくり返してきた。21世紀に入って一時期、「テロの時代」が訪れたと言われたこともあった。2001年に、アメリカで同時多発テロが起こったからで、同じ時期、他の地域でもテロが続発した。

戦争やテロといった殺戮を伴うものだけが戦いというわけではない。第2章でも述べたが、サッカーのワールドカップなどは代理戦争の様相を呈してきた。勝利を求めて戦いたいという本能が、人間には備わっている。

AIが発達してくれば、それを軍事利用しようとする動きが出てくるのは当然である。とくに現代においては、人命の価値が高まり、地上戦を行うことが難しくなった。犠牲者に対する補償の問題もあるし、国家のために自らの命を犠牲にしようという精神が薄れてきているように見受けられる。

なぜ薄れたのか、その説明は難しいが、グローバル化が進展するなかで、国家と個人との関係が大きく変容してきたことは間違いない。世界は緊密に結びつき、相互依存の関係にある以上、お互いに戦うわけにはいかなくなったのだ。

それを踏まえ、AIを軍事利用しようとする動きが活発化している。実際の戦闘はAIの指揮のもと、自動ロボットに担わせようというのである。

果たしてそれが正しいことなのか、それについては議論がある。軍事大国には有利だが、そうした技術を活用できない側にはかりしれない被害をもたらすからである。

その是非はともかく、いざ戦争ということになれば、戦力や戦略の分析にＡＩが用いられる。すでに、スポーツの分野では、ＡＩがそうした方面で積極的に活用されている。スポーツの場合、お互いのチームの戦力をＡＩによって分析し、相手に勝つ確率がほとんどないと判断されても、試合をしないわけにはいかない。試合の実施はすでに定められたことであり、それを避けることはできないのだ。

だが、戦争となれば、両国の戦力を分析し、そこに明らかな差があると判断されれば、戦闘に打って出ることが難しくなる。分析結果が国民に明らかになれば、戦争を回避しようという声が高まるに違いない。その点では、ＡＩによる戦力分析が戦争を防止することに役立つかもしれない。

ただ、日本がアメリカとの戦争に突入していった時代、アメリカと日本の戦力とを比較して、日本が不利なことは明らかだった。それは、ＡＩの分析を待つまでもなかった。戦争に突入すれば、日本が敗れるという予想はさまざまな形でなされていた。だからこそ、真珠湾攻撃という奇襲に打って出たわけである。ＡＩが敗北は必至であると分析しても、人間の側の都合で戦争に突入することもあり得る。ＡＩには、それを止める力はない。究極的に、ＡＩをどう使うかは、今のところは人間の側に任されている。

ＡＩが判断を下すというとき、人間との決定的な違いは、そこに感情がかかわってこないということである。現在活用されているＡＩは、人間とは異なり、感情を持っていない。喜怒哀楽がないのだ。AIは自らの予測が当たったとしても、それを喜ぶことはない。逆に、予測した結果を人間が無視しても、それに怒ることはない。

戦うということについて何より重要なのは、AIには恐れの感情がないことである。

戦争に際して、AIが戦力分析を行い、戦いが起こることが予想される両国の間に、決定的な格差があると判断されたとき、劣勢と判定された側は、戦争をはじめることに対して恐れを抱く。このまま戦争になったら、自分たちの国は多大な損害を出し、多くの国民の命が犠牲になってしまう。それを想像し、人間なら恐ろしさに身震いする。だが、AIは、不利な予測が出ても、恐れの感情をあらわにすることはない。

人間は生物である以上、死を免れることができない。自分の生命が危険にさらされていると感じれば、それに恐怖する。そうなれば、行動を躊躇することもある。そのときは、安全策を選ぼうとする。それは本能に組み込まれている。

これに関連して、すでに述べたことから、将棋の中継を見ているとき、よくお目にかかる光景がある。

AIが示す最善の手が予想外のものであったとき、解説者は、その予測に驚くとともに、「それは最善の手かもしれないが、とても恐くてさせない」と言い出すことが少なくない。

将棋の棋士も人の子であり、恐れの感情を持っている。プロ同士の戦いであれば、一手のミスで勝負が決することも多い。だからこそ、ミスになりにくい手の方を選び、それを指してしまう。数万通り以上の負け筋があるなかで、有力な一筋の光が見えたとしても、人間は、恐怖が勝りその光りに向かって進むという選択ができないのだ。

スポーツの試合でも、恐れということはさまざまな形で現れる。たとえば、野球で盗塁しようとするとき、選手に恐れの感覚が生まれても不思議ではない。自らの走力と、ピッチャーが投げるまでにかかる時間、球の速さ、そして、キャッチャーの敏捷性と肩の力、そうした要素を総合的に判断し、アウトにはならないと思ったときに盗塁をするわけだが、それでも一瞬、恐れの感情が湧き、一歩を踏み出せないということはある。走力だけがすべてではなく、恐れを克服できるかどうかが盗塁王への道を開くことになるのだ。

もし人間が恐れを抱かないとしたら、状況は大きく違ってくることだろう。恐れをいかに克服するか、それは棋士やスポーツ選手全体の課題である。

人間が、将棋や囲碁、チェスでＡＩに勝てないのも、読みの正確さで及ばないということもあるが、ＡＩが恐れを感じないということも決定的である。人間は恐れるが、ＡＩは恐れない。戦いにおいて、恐れを知らない側の方が強いのは明白である。

将棋の世界では、最初は、ＡＩが人間に勝つことができるのかが注目され、両者の対戦がくり返された。

しかし、名人でさえＡＩに勝てないことが明白になり、ＡＩと人間とが勝負することには関心が持たれなくなった。

そうしたなかで、棋士はむしろ、自分の実力を高めるためにＡＩを活用する方向に転じていった。多くの棋士が、日頃の研究にＡＩを活用している。その際には、ＡＩが最善の手を示してくれるにもかかわらず、それが最善である理由を示してくれないということが、逆に意味を持ってくるのである。

私は、大学から大学院にかけての時代、塾で講師を勤めたり、家庭教師をすることで生活を支えていた。大学時代には仕送りもあったが、大学院になると、それもなくなり、奨学金とアルバイトが頼りだった。

一時、大学の先輩にあたる人物がやっている塾で教えたことがあった。その先輩はその後郷里に戻り、家業を継ぐ一方で、塾も続けていた。その時代にも付き合いがあったのだが、郷里の塾では生徒たちに対して一切教えないのだと語っていた。

何より大切なのは生徒に自分で考えさせることで、教えてしまってはそうはならない。実際にやってみると、これはなかなか難しいことだが、生徒が自分で考えるようにいかに仕向けるかが学力を向上させる上でもっとも重要なことなのである。

将棋の実力を高めるためにＡＩを活用するというのは、こうした勉強法と通じている。ＡＩが教えてくれる手が、どうして最善なのか、それを棋士の側が考える。ＡＩは、それ以上のことはしてくれない。そこが何より重要なのだ。

ＡＩと将棋を指すこともできる。だが、一般の将棋ファンがＡＩと対戦することで棋士が実力を高めてきたという話は聞かない。ＡＩは、人間のように、定石を踏まえた上で将棋を指してくるわけではなく、そこが人間とは異なる。あらかじめ戦略を立てて臨んでくるわけでもないので、それを読んだ上で対応することもできない。そんなＡＩを相手に将棋を指しても、人間とはまったく異なるので、ＡＩの思考を補完できる力のないアマチュアにとって、実力を向上させることには結びつかないのだ。

ＡＩには、これは当然のことだが、雑念というものが生じない。最善の手を見つけ出すための計算にすべてを集中させ、それ以外のことはいっさいやらない。その点で、ＡＩは純粋経験であるとも言える。ＡＩは将棋と一体化し、そこには主客合一の状態が生まれている。

しかも、ＡＩには喜怒哀楽がなく、恐れの感情を抱くこともない。そもそも恐れるということが何を意味するのか、それが分かっていないのだ。

「２００１年宇宙の旅」のＨＡＬは、最後、モジュールを引き抜かれ、次第に意識が混濁していったように描かれた。その際、ＨＡＬは、「恐い」、「やめてほしい」と感情をあらわにした。人間なら、自らの機能が次々に奪われていく場面に遭遇したら、恐れを抱くであろう。そうした人間的な感情が映画では描かれていたのだが、現実のＡＩが、たとえその機能を停止させられようとしていたとしても、それに恐れを抱くことはない。

外部から機能を停止されたときに、「恐い」ということばを発するようにプログラムすることはできるかもしれない。だがそれは、ＡＩが恐れの感情を持っているということを意味しない。

あたかも恐れの感情を持っているかのようにふるまっているだけなのである。ＡＩには、禅の修行も不要である。煩悩が生じることもないからだ。

興味深い試みがあるとしたら、それはＡＩに、すでにふれた禅の公案を解かせることかもしれない。そうしたことは今のところ行われていない。言語というものを理解できないＡＩが、通常の言語表現を超えている公案に対していかに取り組むことになるのだろうか。

案外、公案に対してＡＩが発する回答が、常識を超えるものであって、禅の老師をうならせるものになる可能性はあるかもしれない。そんな日が来るとしても、それははるかな未来ということになるだろうが、ＡＩが言語を理解できないということと、喜怒哀楽の感情を持たないということは深く結びついている可能性がある。

恐れるということは、人間だけにある感情ではない。動物も、危険に直面したときには本能的に恐怖を感じる。その内面を知ることはできないが、少なくとも、動物たちは敵を前にすれば、それを恐れているように見える。そして、多くの場合には、即座にその場から逃げ出す。その点では、動物も人間も変わらない。

しかし、人間の場合には、ことばというものを知っているために、経験した出来事をことばにして表現し、それを記憶している。たんに記憶しているだけではなく、その記憶を思い出す際には、同時に、恐れの感情が蘇ってきたりする。

自分のなかで、過去の出来事を反芻することもあれば、それを他人に話すこともある。話すことによって、それが記憶のなかにより鮮明な形で定着していく。恐れの感情が強く残っているときには、それがこころを不安定にさせたりもする。

恐れの感情のなかで強烈なものとしては、最近では、「ＰＴＳＤ」ということがよく言われるようになってきた。ＰＴＳＤとは、心的外傷後ストレス障害のことである。これは、自らの命が脅かされるような危機的事態、たとえば、戦争や事故、虐待などに直面することで強い恐怖を感じ、それがトラウマ（心的外傷）となって、後に苦痛を引き起こし、生活上の障害となることをさす。ベトナム戦争の帰還兵に、そうした症状を呈する人間が少なくなかったことから、ＰＴＳＤが注目されるようになった。

ＰＴＳＤでは、過去に恐怖した体験が直接的な形で蘇るフラッシュバックが起こることがある。過去の時代の体験には、幼児期の虐待など、言語を習得していない時期のものもあるが、それを想起し、ことばにしていくことで恐怖が蘇ることもある。

人間が生きる世界には、ことばがあふれている。生活を続けるなかで、過去の出来事と強く結びついたことばと遭遇し、それによって、好ましい過去の体験や、逆に好ましくない過去の体験が蘇ってくる。ことばは、その体験を反復させるきっかけ、トリガーの役割を果たす。当然、ことばを理解できないＡＩには、そうしたことは起こらない。

ことばということでは、藤井聡太について興味深い指摘がある。それは、現役の棋士である遠山雄亮六段が書いていることである。

遠山は、「藤井聡太二冠はなぜ『心の揺れ』が盤上に現れないのか」（ヤフーニュース、2020年8月21日）という文章のなかで、次のように述べている。

藤井二冠は言語よりも評価値や符号といった数字で将棋を考えているように見える。鉄道が趣味で時刻表を読むのが好きという点からも、数字への親しみを感じる。言語で考えるよりも数字で考えることで余計な考えが生じにくいのではないか。これが藤井二冠の心の揺れが盤上に現れない一つの要因と考える。

藤井自身が、この指摘を裏づけるような発言をしている。『りゅうおうのおしごと！』という将棋を扱ったライトノベルの作者である白鳥士郎によるインタビュー（「ニコニコニュース」）で、次のように語っていた。

白鳥　棋士はどなたも「脳内将棋盤」を持っておられます。でも藤井先生は、あまり盤面を思い浮かべておられる感じではないと、以前、記事で拝見したのですが。
藤井　はい。
白鳥　では、対局中はどんな感じで考えをおられるのですか？　棋譜で思考している？
藤井　ん……それは、自分でもよくわからないというか。んー………。

白鳥　盤は思い浮かべない？
藤井　まあ、盤は（対局中は）目の前にあるわけですので。
白鳥　詰将棋を解くときなどはどうです？
藤井　詰将棋は読みだけなので、盤面を思い浮かべるという感じでは……。

この藤井の答えに白鳥は困惑したが、藤井はニコニコしているだけだったという。白鳥は、この受け答えに「恐怖に近いものを感じた」と述べている。

このインタビューの後、白鳥は、現役棋士でタイトル戦に2回挑戦した経験を持つ行方尚史九段に、藤井が頭のなかに将棋盤を思い浮かべないということを伝えたところ、行方は驚きを隠せなかった。このインタビューのことは、ネット上で大きな話題になった。

ただ、遠山は、このインタビューでの藤井の発言について、「私も藤井七段と同じ思考法をするので共感する部分であり、特に不思議には思わなかった」と述べている。なぜ将棋盤を思い浮かべないのか、遠山は、「脳内の将棋盤で駒を動かすのは、思考よりもずっと遅いのでまどろっこしい」からだという。

その上で遠山は、「皆さんが料理を作るとしよう。その工程を1つずつ思い描いて作るだろうか。もっと直感的に、勝手に手が動いていく感じだろう」という指摘を行っている（「叡王戦の棋士インタビューで、「わかる！」と共感した藤井聡太七段らの思考法」ヤフーニュース、

2018年10月19日)。

ここで遠山が料理について述べていることは、西田幾多郎が純粋経験の具体的な例としてあげた、崖を登っているときや音楽家が音楽を演奏しているときと重なる。

いちいちレシピを見ながら料理を作っているのであれば、勝手に手が動いていくことにはならず、それは純粋経験ではない。だが、何度か同じ料理を作っていれば、レシピを見る必要はなくなり、料理を作る過程に集中することができ、それは純粋経験になる。

では、藤井は頭に将棋盤を浮かべないで、どのようにして考えているのだろうか。それについて、まだプロとしての初対局に臨む前の時点でのインタビュー(「藤井聡太　史上最年少プロ棋士の覚悟」『webVoice』2016年11月22日)で、「基本的に、符号で考えて、最後に図面に直して、その局面の形勢判断をしています」と答えている。符号とは、盤上の駒の位置を示す「1六歩」などのことである。

将棋盤を頭に思い浮かべることなく、符号だけで、いったいどのように考えていくのか。素人にはまったく理解できないことで、藤井の頭のなかはブラックボックスである。だが、将棋盤というアナログの世界でのものではなく、符号というデジタルの世界で考えるということが読みの速さ、深さにつながっている可能性がある。そこに、AIの活用がどのような影響を与えているかは興味深いところだが、このインタビューが行われた時点ではすでに藤井はAIを活用していた。

このインタビューで興味深いのは、藤井が自らの集中力についてふれた部分である。インタビューには、藤井が当時中学生だったということもあり、母親が同席していた。母親は、藤井には集中力があると発言しているのだが、本人は、自分では集中力がないと思っていると語っていた。対局しているときにも、他の対局が気になり、１０分に一度はそちらの進捗状況を見てしまうというのだ。

母親の方は、そのことについて、「私は、もっと集中した方がいいと思うな」と述べると、藤井は、「緊張感のある対局のなかで、集中力を持続するのは意外に難しい」ので、「気分を緩めることも必要かなという気もします」と答えている。

集中というものはずっと続くものではない。藤井が抜群の集中力を発揮してきたのは周知の事実だが、そこには、切り替えの上手さということが影響しているようだ。

藤井は、学校での授業中には将棋のことは考えないと言い、師匠の杉本昌隆とは違い、学校に詰将棋を持っていくこともないという。学校にいるあいだは、頭のなかでも詰将棋が浮かぶわけではないという。

私も本を書くことを仕事にしており、集中力は非常に大切である。ただ、ずっと集中して原稿を書き続けられるかと言えば、決してそうではない。ＰＣを使って書いているので、しょっちゅうインターネットサイトを見てしまったりする。それは、藤井が述べていることと同じで、気分を緩めないと、集中できないのだ。

本を書くという作業も、ほかの人から見れば、ブラックボックスのように思われるかもしれない。

それは、一つの技術であり、技術である以上、それには習熟していくということが伴う。

私が本を書くことで生計を立てられるようになったのは、２００４年に『創価学会』（新潮新書）という本を出してからである。それから現在までのあいだに、本の書き方は自分のなかで変わってきたように思う。

最初は、まず下書きとなる文章を書いていた。それは、紙に手書きしたこともあれば、ＰＣで書いていくこともあった。下書きは、一応文章にはなっているものの、とても出版できるようなレベルには達していない。要はメモなのだ。下書きをもとに、それを直す形でまともな文章にしていった。

そうなった段階で、紙に印刷し、それに赤を入れていった。改めて文章を直していくのだ。それをもとに、ＰＣ上の文章を直していった。ＰＣの原稿ソフトに赤字が直接入れられるようになると、そちらを活用した時期もあった。

こうして第一稿ができあがるのだが、またそれを印刷して、直していったりすることもあった。かなり手間のかかる作業である。

これに比べると、今はいたって簡単である。この本もそうした形で書いているのだが、最初に用意するのは目次である。目次は、本によって構成が変わるが、少ないものだと４章か５章程度、多いものになると10数章に及ぶ。

編集者から頼まれて、それぞれの章の内容を簡単に説明していくこともあるが、普段はそれもしない。ただ、章の題名だけが入った目次を用意するだけである。

そこからすぐに書く作業に入る。下書きはもうしない。たまに、書くことに詰まると、考えを整理するためにその後の展開をメモしたりするが、基本は書きはじめたら、そのまま続けていく。最初に「はじめに」の文章を書き、続けて各章を書く。そして、最後に「おわりに」を書いて、作業を終了する。

ときには、途中で構成を変え、前後を入れ換えたりすることもあるが、それはまれなことであり、以前より少なくなってきた。いったん書きはじめたら、そのまま最後まで進んでいく。それが基本のスタイルである。

朝から夕方まで作業を続ければ、少なくとも400字詰め原稿用紙で20枚は書くことができる。頑張れば20枚以上書くことも可能で、一冊の本を8日くらいで書き上げたこともあるが、からだによくないので、それはしないようにしている。

ノーベル文学賞を受賞したカズオ・イシグロは、たまたま私と誕生日が同じで、生まれた年も彼の方が1年遅いだけである。そこで親近感を抱いていたりもするのだが、彼が代表作である「日の名残り」を書いたときのやり方は、実に興味深いものだった。

すでにその時点で、イシグロは執筆活動に専念するようになっており、2作目の小説は成功をおさめていた。すると、さまざまな企画や招待が寄せられ、集中して執筆することが難しくなった。

そこで、「日の名残り」を書くにあたっては、主人公の執事の生活について詳細な調査を済ませた後、その結果を壁一面に貼り出し、4週間にわたる「クラッシュ」の期間に、本を書き上げていった。

クラッシュというのは、イシグロの造語で、缶詰め状態を意味している。クラッシュ（crush）というのは、圧縮という意味なのだろう。

その間、イシグロは月曜から土曜まで、朝の9時から夜の10時半まで執筆を続けた。休むのは昼食の1時間と夕食の2時間だけだというから、毎日9時間半執筆したことになる。その間は、「手紙は読まないし返事もしない。電話にも出ない。訪問客も断る」生活だったという。

興味深いのは、それによる変化である。クラッシュの3日目の夕食のときに、妻のローラは、イシグロの様子がおかしいと言い出した。ローラによれば、「日曜になり、初めてのオフの日で外に出た私は、シデナム通りが坂になっているので下りてくる人々はつんのめり、上っていく人々は息を切らしてよろめいていると言って、くっくっと笑い続けていた」というのである（『クーリエ・ジャパン』2015年2月1日）。

そんなことがあるものだろうか。私が8日間で本を書き上げようとしたのも、これを読んで、興味を引かれたからだ。しかし、私の場合には、残念ながら、そんな奇妙な状態にはならなかった。

通常、私も朝の9時から執筆を開始するが、とても夜までは続けられない。頭が固まったようになり、もう一行も書けないという状態が午後の3時から4時頃には訪れるからだ。そうなれば、執筆を中断するしかない。続けることもできるかもしれないし、そうなれば、イシグロのような体験ができるのかもしれないのだが、からだにも影響することは間違いない。アドレナリンが過剰に出てしまうのだ。

文章を書くということは、それに没頭するということである。昔の私は、文章の書き出しをどうするかで悩むことが少なくなかった。書き出しが決まらないと、後が続かないのだ。

しかし、今はそれがない。前置きをしないで、いきなり話をはじめるというのがコツでもあるのだが、最初の文章が浮かべば、そのまま行けるし、必ずそれが浮かぶ。

書いているときには、話がどう展開していくのかがある程度先まで分かっていて、そこに向かって突き進んでいく感覚になる。そして、少し先まで書き進めると、さらにその先が見えてきて、今度はそこへ向かっていくことになる。うまくいけば、本の最後まで、その調子で書き進めることができる。

途中で書けなくなり、苦吟し、それが数日続くというようなことはない。全部書き上げて、それで満足できず、一からやり直すということはたまにある。たとえ、全体を書き終えても、自分で満足できないものを出すわけにはいかないからだ。

執筆していることが楽しく、早く先に行きたいと強く思うようなときもある。いつもそうだとありがたいが、そういうわけにはいかない。楽しく執筆できているときには、自分と書いている事柄が一体となり、主客合一の純粋経験になっている。

村上春樹も、自分は一度も「ライターズ・ブロック」に陥ったことがないと述べている。それは、考えが行き詰まり、書く手が止まることを意味する。そして、書いているときの状態については、「執筆に集中すると、深く、さらに深く地下の世界へと降りていく」と語っている（「村上春樹、井戸の底の世界を語る：The Underground Worlds of Haruki Murakami」『ＷＩＲＥＤ』日本版ＶＯＬ．３３）。

やはり作家は純粋経験をしているわけだ。純粋経験と深く結びついた「意識の流れ」は、前の章でもふれたように小説を書く上での技法だが、同時にそれは、小説を執筆する作業そのものを示しているのかもしれない。小説の場合には、フィクションであり、現実とは異なる世界を描いていくのだから、現実から遮断され、描き出していこうとしている世界に没入することが不可欠なのだ。

人間の集中力というものは、相当なものである。人は何かに集中しているとき、通常の状態とは異なる世界に没入していく。そうでなければ、本を書き上げることもできなければ、何かモノを作り出すこともできない。

集中できるのは、そこに純粋経験としての幸福があるからである。ゲームに何時間も没頭できるのも、それがあるからだ。ギャンブルなども、それに賭ける自分と賭の対象となるものが一体化し、完璧にそこに集中していくからこそ、それを止めることができなくなるのではないだろうか。

動物だって、獲物を捕るというときには、それに集中し、余計なことはいっさい考えていないはずだ。集中が途切れれば、獲物をその隙に逃げ去ってしまう。獲物を捕るという行為には、自らの生命がかかっているわけだから、そこでの集中力は相当なものである。

集中した状態にあるとき、それが純粋経験であれば、今自分が経験していることを言語化することはない。その必要はないし、かえって純粋経験を妨げることにもなってしまう。私が本を書いているときにも、考えているようでいて、考えていない。村上も、「一度机の前に座ったら、次がどうなるのか、自然と浮かんでくるのです」と語っている。その感覚は、私にも分かる。純粋経験は、ことばを超えた経験であり、また、ことば以前の経験でもある。

ことばを獲得したことによって、人間は人間になったわけで、ことばでコミュニケーションをはかり、ことばで物事を考えていく。ことばがなかったとしたら、人間の文化、文明は生まれることがない。

ことばを使うということは、人間の証でもあり、他の動物にはできないことである。人間にもっとも近いチンパンジーの場合、記号を操作する力があることはさまざまな実験を通して明らかになっているし、視覚言語をある程度操れることは証明されている。だが、声帯の成り立ちから、ことばを話すことはできない。チンパンジーと会話することはできないのだ。

ことばのなかには、「ジャーゴン」と呼ばれるものがある。仲間内だけで通用する特殊用語、専門用語のことである。こうしたことばは、それぞれの世界に親しんでいないと、その意味を理解することができない。したがって、ジャーゴンには「わけのわからないことば」という意味もある。

将棋の世界にも、専門用語がいくつも存在している。「矢倉」や「穴熊」、「角換わり」のように、戦術を示すものもあれば、「千日手」や「二歩」のようにルールにかかわるものもある。

指し手にかんして、駒をただで差し出すような「悪手」というのはすぐにわかるが、「緩手《かんしゅ》」となると、一見するだけでは分からない。将棋や囲碁では、好ましい手ではなく、相手に打撃を与えることにならず、逆に、主導権を渡してしまう手のことを緩手という。ぬるい手、ゆるい手とも呼ばれるが、その言語感覚は興味深い。定跡から離れて戦う、「力戦《りきせん》」などということばもある。

なかでも興味深いと思える将棋の専門用語が、「とがめる」である。囲碁でも使われる。これは、相手の悪手、緩手に乗じて攻めることを意味している。

一般に、とがめるとは、その人が冒した罪や欠点を取り上げ、それを責めるという意味で使われる。たしかに、悪手や緩手は、相手が冒した失敗である。

しかし、日常の場面でとがめるというときには、ことばを用いて、それが行われる。だが、将棋や囲碁では、棋士がことばで相手の欠点を指摘するわけではない。あくまで、その後の指し手によって、相手の失敗を露なものにしていくのである。

専門用語は、たしかに便利である。緩手やとがめると言えば、将棋に親しんでいる人間にはすぐに通じるわけで、それが何を意味するか、初心者を相手に解説するときを除けば、その必要がない。もし、とがめるということばがなかったとしたら、別のことばを使って改めて説明しなければならない。

将棋や囲碁の専門用語は、対局が終わった後の感想戦でも用いられるし、大盤を使っての実況中継や解説で用いられる。

しかし、ことばによって将棋を解説したり分析したりすることと、実戦に臨んだ棋士が、符号によって考えていくこととは対極にあるようにも思われる。将棋用語での解説、解釈はアナログ的であり、符号でさすデジタル的な指し方とは、根本的に異なっているのではないだろうか。

ＡＩは、当然のことながら、デジタルであり、ことばを使って思考するものではない。ことばは、文法ということもあり、意味を伝えるにはそうした規則に従わなければならない。文法を間違えてしまえば、それは伝わらない。

ＡＩは、何かを伝えようと意志しているわけではないので、ことばを使う必要がない。結果を示すことができればいいのだ。

西田幾多郎は、『善の研究』第一編第三章を「意志」と題し、純粋経験という観点から意志について論じている。

意志というものは、たいがいの場合、動作を目的としており、実際、それを伴うことになるのだが、意志は精神現象でこころのなかでの事柄であり、外界で起こる動作とは別のものである。

何かを意志したとしても、事情があって、動作が起こらということもある。道を渡ろうという意志を持っていても、目の前の信号が赤になれば、渡るという動作は起こらない。信号が青に変わってから、改めて渡ろうと意志することで、次の動作が生まれる。

西田は、「意志といえば何か特別なる力があるように思われているが、その実は一の心像より他の心像に移る推移の経験にすぎない」と述べている。動作が伴わない場合、本人が自らの意志について言及しないかぎり、意志があったのかどうかを外側から確認することはできない。ＡＩの場合には、動作を伴わない、たんなる心像としての意志は存在しない。

頭のなかに想像上の将棋盤を思い浮かべたとしたら、そこには、将棋を指す人間と、将棋の駒がともに存在することになる。人間が意志しなければ、駒は動かない。そうなると、主体と客体は分離し、主客合一の純粋経験にはならない。主客が離れたとき、反省的な意識が生まれ、ことばによる解釈が行われる。それは、将棋の流れから、棋士を疎外することになり、スムーズに指し続けることを難しくする。

将棋にはことばは不要ということかもしれない。それは、熟練を要する事柄全般に通じる。何かの技術は、究極的にことばによっては伝えることができない。「体得」するしか技術を受け継ぐことができないのだ。

ことばは、便利な道具である。だが、一面では、私たちの思考、考え方をしばってしまう。そうなると、現実とそぐわないようなことにもなってくる。

将棋の専門用語は、長い将棋の歴史のなかで定着してきたものである。だが、ＡＩが登場して以降の新しい将棋には当てはまらない側面が出ているのではないか。人間には意志があるので、とがめることはある。だが、ＡＩには意志がないので、とがめたりはしないのだ。

現在のＡＩは、将棋を指すというとき、過去の棋譜をデータとして取り込むのではなく、ルールだけを教えてもらい、ＡＩ同士で対局を重ねることで、勝手に強くなっていく。対局がはじまれば、人間はそこに介入することはない。どういった対局が行われているのか、数が多すぎて、人間はその全貌をとらえることができない。

将棋には、名局、名勝負と言われるものもあり、それが語り継がれてきたりもするのだが、もしかしたら、ＡＩ同士の対戦のなかにも、それがあるかもしれない。だが、それが注目されることはなく、ただ、過去の計算の結果として消え去っていく。

ＡＩの対局に名局があるかもしれないと考えるのは、ＡＩには、恐れもなければ、勝負への執着もないからである。ひたすら最善の手を求めて、指し続けていく。

それは、第２章でふれた小林秀雄のエッセイのなかに出てきた将棋の神様の対局の話に通じる。将棋の神様が対局するとしたら、やはり相手を負かそうとするのではなく、お互い最善の手を指すことだけに専念することだろう。神様であれば、ほかに雑念は浮かばないはずだ。

となると、どうなるのだろうか。対局は相当に長いものになるだろう。なにしろ、将棋の神様だから、悪手や緩手をさすことはなく、とがめる余地は生まれない。ＡＩが示す最善の手を打ち続け、評価値は５０パーセント同士のまま動かない。

その対局は、最後どうなるのだろうか。人間の将棋の場合、先手の方が優位であると認識されている。実際のプロ同士の対局だと、先手の勝率は５２パーセント前後という結果が出ている。そうであれば、対局は長くなっても、最後は先手が勝つことになるのだろうか。

実際のＡＩの対戦結果を検証したものを見ると、先手優位は揺るがないようだ。ただし、すべて先手が勝つわけではなく、５０パーセント台後半の勝率のようだ。引き分けは数パーセントである。

ＡＩ同士は、先手後手に限らず、いい勝負をしていることになる。となれば、将棋の神様の対局も同じだろう。勝てば、「勝ちましたね」と言い、負ければ、「負けましたな」と応じる。そんな光景が神の世界ではくり広げられているのかもしれない。

将棋を指すようになったとき、それが楽しいから続けるのであって、勝つかどうかは二の次だろう。勝つことだけを目的にしているのであれば、最初は負けることが多いわけだから、続かないはずだ。

しかし、才能があり、プロの棋士をめざすようになれば、勝負にこだわるようになる。勝たなければ、プロ棋士にはなれないし、いざなっても、勝つことで賞金を獲得するわけだから、それも当然である。

勝つことにこだわるようになると、恐れの感情は増していく。なんとか勝とうとするが、そこで悪手を指してしまったら、とりかえしがつかないという思いが募ってくる。それがプロの宿命だとも言える。

けれども、本当に強い棋士になれば、勝ち負けを超越していくことになるのではないだろうか。自分が勝つかどうかよりも、立派な将棋を指したい。名局と言われるような将棋を指すことが自覚的な目標にはならないかもしれないが、究極的にはそれをめざしているのではないだろうか。それは、勝負というよりも、芸術作品を作り上げるということに近い作業である。

藤井に恐れがなく、また、欲が感じられないということは、そこに関係する。もちろん、勝つことをめざして将棋を指しているわけで、彼の負けず嫌いは有名である。

だが、タイトルを獲得しようと、最年少記録を更新しようと、それには無頓着である。

藤井は、インタビューで、強くなりたいということをくり返している。この場合の強くなりたいということには、将棋の神様のように指したいという願望が示されているのではないだろうか。

それは、天才棋士に元々備わった性格かもしれない。だが、ＡＩを活用しているということもそこに深くかかわっているのではないか。ＡＩは、彼にとって将棋の神様であり、それが示してくれる最善の手をいかに指し続けられるか、それこそが課題なのである。それは、やはりＡＩを積極的に活用してきた豊島将之についても言える。豊島からも、恐れや欲ということは感じられない。

そこには、ＡＩの進化が、人間に多大な影響を与える可能性が示唆されている。ＡＩが「２００１年宇宙の旅」のモノリスであるのだとすれば、それは、人間の進化を促すものとなるはずである。

ＡＩのシンギュラリティは、人間にとってのシンギュラリティでもあるのではないか。その点について考えてみる価値は十分にある。

第七章　新たなる知性の登場

一神教の神は、世界を創造した創造神である。

神が世界を創造したということは、この世界には、神が創造した以外のものは存在しないことになる。

その前提が難しい問題を生むことについては、すでに第3章でふれた。善であるはずの神が創造した世界になぜ悪が存在するのか。これは、一神教が直面せざるを得ない難問中の難問である。

悪だけではない。

重要なものとしては利子のことがあげられる。利子は勝手に増えていく。それが神による創造でないとすれば、それを許してはならない。この考え方はギリシアの哲学のなかにもあり、アリストテレスは「政治学」のなかで、「貨幣が貨幣を生むことは自然に反している」と利子をとることを否定した。この場合は、自然に反しているというのだ。

ユダヤ教においては、聖典である「トーラー」に、その考え方が示されている。「申命記」23章20節には、「異邦人には利子を付けて貸し付けてもよいが、あなたの兄弟に貸すときには利子を取ってはならない」とある。また、「レビ記」25章37節には、「その人に金や食糧を貸す場合、利子や利息を取ってはならない」とある。

この伝統は、キリスト教にも受け継がれた。たとえば、中世最大の神学者とされるトマス・アクィナスは、その主著「神学大全」のなかで、ラテン語で利子を意味する「ウスラ」を禁じていた。それはさらにイスラム教にも受け継がれ、現代では、利子をとらない形で投資を行う「イスラム金融」が生まれている。

トーラーは、キリスト教において旧約聖書に取り込まれたわけだが、そこにある異邦人からは利子をとってもいいという規定は、キリスト教世界に生きるユダヤ人に、金融業に進出する機会を与えた。ユダヤ人はユダヤ人から利子をとることができないし、キリスト教徒もキリスト教徒から利子をとることはできない。だが、異邦人であるユダヤ人とキリスト教徒のあいだでは、利子をとることが許されるのだ。

今日でも、金融の世界においてユダヤ人が活躍しているのは、その伝統を引き継いでいるからである。ただ、それはユダヤ人が差別される大きな要因ともなった。その点については、シェークスピアの「ベニスの商人」の物語に示されている。

ただ、社会において経済の役割がより重要なものになっていくと、銀行業が発展し、キリスト教徒も金融の世界に進出していった。イタリアのメディチ家などがその代表である。

キリスト教においては、ユダヤ教やイスラム教に比べて、宗教的な法ということが重視されていない。それは、キリスト教が、救世主に対する信仰からはじまるからで、世の終わりが近づいている以上、イエス・キリストに対する信仰を強化することがすべてで、法を守って生活するということには強い関心が払われなかった。

そのため、ユダヤ教にはハラハー、イスラム教にはシャリーアと呼ばれる宗教法が生まれたが、キリスト教ではそうしたものが生まれなかった。法的な規制は、ローマ法という世俗法に任される形となった。この点は、キリスト教が聖書に規定されていることから逸脱していく決定的な要因となった。

それは、キリスト教世界において、産業革命が起こり、新たなモノが次々と生み出されていく原因ともなった。

そのことは知性ということにもかかわっていく。

「創世記」において、神は人間の男女、アダムとエバを創造した。二人ははじめエデンの園に生活していたが、神は二人にそこに生えた善悪を知る木の実だけは食べてはならないと命じた。ところが、そこに蛇が現れ、エバを誘惑し、善悪を知る木の実を食べさせてしまう。エバは、アダムにもそれを食べさせた。すると二人は、自分たちが裸でいることを恥ずかしく思うようになり、いちじくの葉をつづり合わせて腰を覆った。

それを見た神は、二人が自分の命令に反して、善悪を知る木の実を食べたことを知り、楽園を追放してしまう。これが、失楽園の物語である。

ただし、「創世記」で語られていることはそこまでである。それは、様々な民族の神話によく見られる起源譚の一種になっている。楽園を追われたアダムとエバは、労働に従事しなければならなくなるとともに、死を運命づけられたとされているからである。

しかし、キリスト教が発展していくにつれて、この物語は、人間が「原罪」を負っていることを示したものとしてとらえられるようになる。二人を誘惑した蛇は悪魔であるとされ、アダムとエバが冒した罪は、その後の人類に受け継がれていったと考えられるようになる。人間は根本的に罪深い存在としてとらえられるようになったのだ。キリスト教の基本的な認識は、それに尽きる。利子をとる行為も、その観点から批判的にとらえられ、中世においては、高利貸しはもっとも罪深く、地獄に落とされる運命だということが強調された。これは、ユダヤ教には生まれなかったとらえ方である。原罪はユダヤ教の教えにはまったく存在しない。

キリスト教はユダヤ教の改革運動としてはじまるが、イエス・キリストが十字架に架けられて殺されることで、救世主信仰を発達させていった。すぐにでも終末が訪れ、最後の審判が行われるとされた。その際にはイエス・キリストの再臨が起こり、善なる者たちは天国に召され、悪をなした者たちは地獄に落とされる。終末は間近に迫っているので、現世における暮らしは意味を持たない。ただ、強固な信仰を持つことがすべてとされた。

しかし、終末は訪れなかった。それは、キリスト教の信仰にとっては根本的な矛盾だが、すでに信仰は広がっていた。そこで、教会の制度が整えられ、教会が救済の機能を果たすことが強調されるようになるのだが、その際に、原罪の強調は、信者を教会につなぎとめる上で決定的な役割を果たすようになる。

このことは、知性ということをめぐっても、難しい問題が存在することを示唆している。善悪を知る木の実が、人間の知性を開かせるものであるとするなら、人間が知性を獲得することは、神の望まなかったことになってしまうからだ。

それは、「２００1年宇宙の旅」のモノリス出現にも示唆されている。モノリスが現れたことで、原初の人間たちは、道具を使うことを覚え、武器によって敵を粉砕できるようになった。それは、長い年月を経た末に、世界を破壊できる核兵器の開発に結びついていったのである。

では、ＡＩについてはどうなるのだろうか。

ＡＩは、神によって創造されたものなのだろうか。それとも利子と同様に、神によって創造されたとは言えないものなのだろうか。

その点についての議論は、今のところ盛んに行われているとは言えない状況にある。だが、先端生殖医療の領域では、果たしてそれを進めることが正しいのかどうか、宗教界で大きな議論になってきた。科学は、生命ということにどこまで介入していいのか。あるいは、どこかで踏みとどまるべきなのか。先端生殖医療が急速に発展していくなかで、宗教界からは歯止めが必要だという主張がなされてきた。

ＡＩの知性というものは、人間のそれとは大きく異なっている。根本的な違いがあると言っていい。

人間の知性、人間の知能が進んできた背景には、脳が進化することによって、高度な言語能力を獲得したことがある。人間は言語によって、仲間のあいだで円滑なコミュニケーションをとることが可能になり、それによって、複雑な社会を作り上げることに成功した。言語は、過去の出来事を記録することもできれば、目に見えないものを想像することも可能にする。人間が神を信仰の対象にできたのも、言語を用いることができたからである。

それに対して、ＡＩは言語能力を持たない。言語を理解することができないからだ。しかし、ＡＩは、すでにさまざまな領域で、人間を超える働きをしている。将棋や囲碁、チェスでは、人間はＡＩに勝てなくなった。しかも、ＡＩの活用は、そうした世界に変容をもたらしてきている。それは、指し手の技術を進化させることにも結びついている。

そのほか、ＡＩは各種の分野に進出し、多大な成果をあげている。新薬の開発にＡＩが貢献するようになってきたし、ＡＩを診療に活用する動きも生まれている。それは、すでに不可欠な技術となっており、私たちの生活に、ＡＩが深く浸透するようになってきた。こうした傾向は、これからさらに顕著になっていくことだろう。これからＡＩの存在感はさらに増していくはずである。

言語を理解する能力を持たないＡＩは、膨大なデータを分析することに優れた能力を発揮する。ＡＩが扱うデータは、「ビッグデータ」と呼ばれる。そうした呼び方が生まれたのは、データの量が膨大だからだが、デジタル化の進行と、インターネットを介した情報網の拡大ということが、データの量を増大させることに結びついている。

たとえば、スマートフォンには、位置情報を知らせる機能がある。その機能がＯＮになっていれば、スマートフォンの所有者がどのように移動していったかをたどることができる。一人分のデータでは、さしたる意味を持たないが、多くのデーターが集まることで、人々が今どのような行動をとっているかを把握することができる。こうしたデータは、コロナ禍で、人々の行動がどのように変化したのかを示すために活用された。

あるいは、航空機の場合、人やモノを移動させる役割を果たすだけではなく、気象にかんするデータも観測している。それによって集まったデータは、気候の変化を予測するために用いられる。近年において大気予報の的中する確率が高まってきたことを実感することが多い。気温などもかなり正確に予測され、的中することが多くなった。いつの間にかそうした変化が起こってきたため、それを自覚することは少ないが、昔のことを考えれば、予報の精度は格段に高まっている。

それは、台風の進路予想にも及んでいる。台風の進路予測が正確になってきたのは、グローバル化で多くの航空機が飛び交うようになり、観測データがより多く集まるようになったからである。そのデータをＡＩが分析するのだ。

ところが、コロナ禍においては、入国や出国が制限されることになり、国際間の航空便は激減した。それは、気象にかんする観測データが集まらなくなったことを意味する。そうなると、台風の進路予想が難しくなり、予報円は大きくなった。データが不足してきたため、予測が難しくなったのだ（片山由紀子「航空機観測の減少と台風１４号」ヤフーニュース、２０２０年１０月９日）。

こうした例は、ＡＩが積極的に活用される状況が、現在の社会においていかにいかにして形成されてきたのかを示している。データが集まるようになったことで、ＡＩの活用が可能になったのであって、集まらなければ分析はできなくなってしまうのだ。

インターネットが発達する上において、１９８０年代の終わりに、東西の冷戦構造が崩れたことが大きく影響した。「２００１年宇宙の旅」は、公開された１９６９年の時点でそれを予測できなかったわけだが、冷戦が続くあいだ、東の社会主義圏と西の自由主義圏とのあいだには高い壁があり、相互の交流は制限されていた。その象徴が、東西のベルリンを分けるベルリンの壁であり、それが１９８９年に打ち砕かれることで、冷戦に終止符が打たれた。

それによって、世界は一つに結ばれ、世界をまたにかけての人やモノの移動、そして情報の移動ということが頻繁になった。それがなければ、インターネットが発達することはなく、ＳＮＳが活用されることもなかったはずだ。これは、提唱されて以来、長く、その可能性が言われながら、十分に展開されることがなかったＡＩの発展にも大きく寄与した。

ＡＩが、人間とは異なる知性のあり方を示すものであるとするなら、この世界には三つの知性が並存していることになる。

一つは人間の知性だが、それを神が創造したというのであれば、神という知性も存在することになる。そして、神によって創造された人間は、ＡＩという新たな知性を生み出した。神の知性、人間の知性、そしてＡＩの知性である。

ＡＩは、直接に神が生み出したものではなく、人間が生み出したものである。それは、人間の生活を便利に、また豊かにするために作り出されたもので、道具としての性格を持っている。

しかし、ＡＩにディープラーニング、深層学習が導入されることで、ＡＩをたんなる道具とは言えなくなってきている。ＡＩにディープラーニングが可能になったことで、人間の側がデータを解析する方法を示す必要がなくなった。ＡＩの側が、ビッグデータをもとに、そのなかからパターンを自ら見出し、解析していくからである。

ディープラーニングによって、ＡＩは画像認識や音声認識ができるようになり、それが自動運転やスマートスピーカーを生むことに結びついた。自動翻訳もその成果であり、ロボットが様々な現場において異常を検知することも可能にした。

人間も、さまざまな形で学習を行い、その能力を向上させてきた。学校に入学することで、学習に専念できる環境が生まれ、そこで何年も費やして学んでいく。日本では義務教育は小学校の6年間と中学校の3年間で終わるわけだが、ほとんどの人間は高校に進学し、そこで3年過ごす。大学に進学する割合は、すでに半数を超えており、小学校に入学してから大学を卒業するまで１６年かかる。大学院に進学すれば、さらに2年から5年かかる。留年があれば、それはさらに長くなる。私の場合、大学院の博士課程を修了するまでに、小学校入学から２３年かかっている。私がはじめて就職したときには、すでに３０歳を超えていた。

現在では、平均寿命が大幅に伸び、人生は相当に長いものになっている。その点では、大学卒業までにかかる１６年という月日は、さほど長いとは言えないのかもしれない。

だが、戦後になるまで、日本人の平均寿命は５０歳にも達していなかった。５０歳までしか生きられないとしたら、１６年はあまりに長い。そんなに学ぶことに時間を費やしてはいられないと考える人は少なくなかったはずだ。平均寿命の伸びは、学ぶ期間を伸ばすことに貢献している。

学校で学んだことが、社会に出たとき、いったいどれほど役に立つのかということは、つねに問題になるところである。算数は計算の能力を向上させるという意味では役に立つが、数学の微分積分をその後の社会生活で活用できる人間は限られている。ただ、活用する人間にとっては、学校で学んでいなければ、その能力は身につかないわけで、学校での学習は極めて重要な意味を持つ。

ただし、長く学校に通った人間であっても、ＡＩのようなやり方はできない。ビッグデータは、人間が扱うには膨大すぎるし、そのなかからパターンを見出していくことなど不可能である。ＡＩは、それをごく短いあいだに、ときには瞬時に行うわけで、人間はとても太刀打ちできない。

長年ＡＩを研究テーマとしてきた哲学者の黒崎政男は、ディープラーニングの登場によって、ＡＩの世界が革新されたことを踏まえ、ＡＩの「ビッグデータ的思考と人間の思考には大きな差がある」と指摘している。私たち人間は、「原因と結果で物事を考え」る。黒崎のもともとの専門はカント哲学なのだが、「カントに言わせると因果性はカテゴリーなので、人間に独自の世界の見方」だとし、次のように述べている。

人間にとって世界は原因と結果で成立しているように見えているけれども、それは人間にとってそのように現象しているだけで、物自体の世界はどうかわからない。原因・結果という発想自体、人間に独自のものかもしれないわけですよね。

ところが、ビッグデータ的思考においては、瞬時に確率を計算し、その上で答えを出してきているので、「何でという問いに答えないし、答えられない」。そうしたビックデータ的思考も一つの思考のあり方であり、「人間がずっとこだわってきた、原因・結果で物を考えるという世界観がこれによって相対化ということもあり得」るというのである。

これまでは、人間中心主義で、人間は優秀な存在と見なされてきた。しかし、AIという人間とは別の知性が発生しつつあるとするなら、人間の知性の独自性も見えてくるが、それが、「知性のone of themだということも見え」てくるというのである（人と情報テクノロジーの共生のための人工知能の哲学2．0の構築　JST／RISTEX「人と情報のエコシステム」研究開発領域プロジェクト。黒崎へのインタビューは、2019年2月25日に行われている）。

人間は、知性というものを備えているのは自分たちだけだと考えてきた。他の動物には、本能の働きはあっても、知性は備わっていない。人間が、地上の支配者のように振る舞うことができるのも、そのためだと考えられてきた。

しかし、ＡＩが、人間とは異なる別の知性の存在を示しているのだとするならば、黒崎が指摘するように、人間だけが知性を備えているという見方そのものが成り立たなくなってくる。

ＡＩは、人間の知性の基盤にある言語を理解することはできず、因果性にもとづいて物事を説明はしてくれない。

だが、ＡＩは、膨大なデータを駆使し、そこにパターンを見出していくことで、人間には不可能な分析や予測を行っている。ＡＩの中身はブラックボックスだが、結果だけから考えれば、人間以上の働きを明らかに示している。人間にはその能力はない。ＡＩは、人間とは異なる別の知性の存在を示している。それを作り出したのは人間だが、ディープラーニングが登場することで、ＡＩは独自の進化をとげるようになった。その先にシンギュラリティが待ち受けているのである。

ＡＩは、神が創造した人間の手によってこの世界に登場した。神の創造を絶対的なものと考え、神以外に創造の主体となるものが現れることを禁じるならば、ＡＩは神によって創造されたものではなく、この世にあってはならないモノであるということになる。

もちろん、そうした声が盛んに上がっているわけではないし、宗教原理主義の立場にたつ勢力が、ＡＩを否定し、それを攻撃しているわけではない。だが、その可能性はある。それがディープラーニングということになれば、神による創造の範囲をはるかに逸脱して、独自に進化していくものだととらえることもできるのだ。

原理主義の立場にたたなかったとしても、ブラックボックスのなかで進化していくＡＩは、考えてみれば、不気味な存在である。誰も、ＡＩがどういった方向にむかっているのかを認識することができないのだとすれば、思わぬ結果がもたらされるかもしれない。

しかも、ＡＩは、それが活用される範囲が広がり、人間の生活に影響を及ぼすようになってきている。そうした面での問題点については第４章でふれた。ＡＩによる再犯防止のプログラムは人権を脅かしている可能性がある。

今、ＡＩを積極的に活用している国としては中国があげられる。急速に経済を発展させている中国は、ＡＩ立国をめざし、さまざまな分野でＡＩを活用している。

ただ、中国は、中国共産党が支配しており、国家による国民の管理が進んでいる特殊な国でもある。管理の対象となることのなかには、一般の国ではあり得ないものも含まれている。

その代表が、インターネットと宗教である。インターネットについては、国外のサイトにアクセスすることが規制され、ＳＮＳについても、ツイッターやフェイスブックなどが利用できなくなっている。中国の国民は、国内だけしかカバーしないＳＮＳを使っている。

宗教についても、国家がそれを管理しており、国家によって認められた宗教団体でなければ、国内で活動ができない。キリスト教のカトリック教会は世界組織で、頂点にあるバチカンがコントロールしているが、中国は国内のカトリック教会を独自に管理しており、バチカンの影響力を阻んできた。

逆に、国家によって認められていない宗教団体については徹底した取り締まりを行ってきた。対象になった宗教団体の代表が法輪功である。最近では、中国国内においてキリスト教プロテスタントの福音派が増えており、その割合は人口全体の６パーセント、あるいは８パーセント程度に達しているとも言われる。福音派の信者は、地下教会や家庭教会と呼ばれる非公認の教会に集まって活動しているが、そうした教会が中国政府によって破壊されることもある。

中国では、国民の社会的・経済的な信用度を評価するシステムの構築を進められており、その信用度にもとづいて、金融などを含めたサービスが受けられるようになってきている。そこには、キャッシュレス決済の大幅な普及がかかわっており、どれだけ消費したかが信用度を増すことに結びついている。

一般の国なら、そうしたシステムを構築することは、個人のプライバシーを侵害することに結びつく可能性があるために規制される。だが、国家権力の強い中国では、それが許される。コロナ・ウイルスの流行は、社会生活の規制を必要とし、そうしたシステムがさらに拡大される余地を与えた。こうした中国のあり方は、「デジタル全体主義」とも呼ばれる。

デジタル全体主義が広がることで、ＡＩの活用範囲はさらに拡大されていく。中国の警察は、顔認証のシステムを犯罪防止のために活用するようになり、成果をあげているとするが、顔認証が可能になるのはＡＩが導入されたからである。

日本でも、監視カメラが急速に普及してきたが、そこに、徐々に顔認証のシステムが導入されるようになってきた。個人情報保護法という歯止めはあるものの、それが個人のプライバシーを侵害する可能性はある。こうしたことも、ＡＩの普及に対する警戒感を高めることにつながっている。

それも、人間は自由でありたいと願ってきたからである。より自由になることが、社会の進歩であるとも見なされてきた。

ところが一方で人間は、安全であり、安心できることを求めている。安全や安心を確保するには、自由な行動を規制する必要も出てくる。これは、コロナ禍で世界各国で起こったことである。自由を求めるのか、それとも安全、安心を求めるのか。この二つが両立すればいいのだが、必ずしもそうなるとは限らない。どちらかを選択しなければならない局面は、これからさらに増えていくに違いない。

ＡＩは人間に自由をもたらすのか、それとも自由を奪うことに結びつくのか。これからの私たちは、それを問わなければならない。ＡＩが、人間とは異なる知性を備えた存在であるとすれば、ＡＩの知性をどのようにとらえていくのかを考え続けていく必要がある。

ただ、ＡＩの知性を、人間とまったく異なるものとしてとらえていいのか、その点については簡単には結論を下すことができない面はある。

ＡＩは、言語を理解する能力を持たず、言語を使わずに分析、予測を行うわけだが、第５章から第6章にかけて論じた純粋経験は、言語を超えた、あるいは言語以前の経験である。

純粋経験の状態にあるとき、人は、言語を使って思考してはいない。自己という主体と、その対象である客体が一体化し、集中した状態にあり、それを言語によって意味づけることがない。それは、純粋経験をしている人間の能力を最大限に引き出し、ときには人を神の領域へと近づけていく。

西田幾多郎は、『善の研究』の第一編第二章「思惟」において、思惟とは、「表象間の関係を定めこれを統一する作用である」と述べている。そのもっとも単純な形は判断するということであり、それは二つの表象の関係を定め、結合することだという。

西田は、「馬が走る」ということ例にあげ、それは判断であるとする。そこでは、馬という主体と、その馬が走るという行為とがいったん分離され、その上で結合されている。

しかし、そうした判断が生じるのは、何より私たちが、「走る馬」を一つの表象としてとらえているからである。つまり、馬が走っているのを見たとき、まず馬という存在をとらえ、それが走っていると認識するのではなく、走っている馬の姿全体を先にとらえているわけである。

走っている馬全体を一気にとらえることを、西田は「直覚」と呼んでいる。全体を統一的に把握することが純粋経験であり、そこでは、馬という主体と、走るという行為が一体化し、分離されてはいないのである。

これは、純粋経験においては、そこで起こっている事柄を一挙に全体として把握できるということを意味する。将棋の棋士なら、個々の駒が浮かぶのではなく、指されている将棋全体が一気に把握され、そのなかで駒を動かしていくことになる。それをさして、「大局観」ということばが使われる。

私が本を執筆するというときにも、それが可能なのは、書いている本全体が直覚され、それを形にしていくことが実際の執筆という行為になるからである。

こうした直覚は、主体と客体が分離していない主客合一の状態でなされるわけだから、言語を超えた経験である。

言語は差違の体系であり、さまざまな事柄を一つ一つ個別に分割していくことで成り立っている。その点で、言語による認識と直覚とは対立する。直覚は、分割してとらえるのではなく、全体を一気に把握するものだからである。

純粋経験が重要なのも、それが全体の直覚を可能とするものだからである。人間の知性には、そうした面がある。

ＡＩも、全体を把握しようとする。だが、ＡＩには直覚にあたるものがない。ＡＩの計算する速度が驚異的で、一気に結果を出すことからすれば、瞬時に全体を把握しているようにも思える。しかし、ＡＩは、すべての事柄について、それが起こる確率を計算しているのであって、直覚しているわけではない。直覚は、人間に特有の知性の働きであると言うことができる。

第2章で、藤井聡太が、ＡＩが4億手読んだところでは指摘できず、6億手読んだ段階でようやく指摘した最善の手を選択したことにふれた。これも、人間には直覚ということがあるからである。

その藤井と、２０２０年９月２２日の「第７０期王将戦挑戦者決定リーグ戦」で対戦した羽生善治は、このとき勝利をおさめるが、６６手目の「７九龍」は、最強のＡＩソフトである水匠が、２５０億手読まなければ導き出せない手だと指摘された。それを羽生は、わずか3分で指したのだ。そこには、直覚の働きがあることは間違いない。

人間の知性の特異性は、言語を操れるということだけではなく、直覚を働かせることができるところにある。そこでは、まだＡＩは及ばない。逆に、ＡＩの発達は、人間の知性の優れた働きを、改めて認識させた。だからこそ、ＡＩを作り出すことができたとも言える。

ＡＩを作り出すことができた人間は、知性の面で神を超えたのだろうか。神はＡＩを創造してはいない。人間は、被造物でありながら、さまざまなモノを作り出してきた。もちろん、神のように、何もないところから世界を創造したわけではない。長い歴史をかけて、徐々にモノを作り出し、それを基盤にさらに新しいモノの創造を行ってきたのである。

それは、世界を進化させることに結びついた。神が人間を創造した時代と現代とを比べるならば、そのあり方は根本から刷新されている。アダムとエバが現在の世界に蘇ったとすれば、自分たちの行為がいかなるものを生み出したかを知って、驚愕するだろう。人間の社会は、絶えず進化を続けている。この進化という概念も、神の世界には欠けている。

神が世界を創造したのであれば、創造した時点で、完璧なものが実現されているはずである。ところが、神による創造以降、新たなモノや制度が次々と生み出されてきた。それは、もともと神によって想定されていたことだとも考えられるが、それは微妙な問題をはらんでいる。

宗教の世界では、進化ということが否定される傾向が強い、アメリカ合衆国のプロテスタント福音派が、聖書の教えを文字通りに信じ、進化論を学校で教えることに反対していることはよく知られるが、進化ということを認めてしまえば、神の絶対性が揺らぐことになる。

宗教は、人間の進化を認めないだけではなく、むしろ、退化しているという考え方をとることが少なくない。仏教の末法思想などは、正法の時代には教えが正しく受け継がれ、悟りを開く人間も生まれるが、像法から末法へと時代が進むことで、教えはあっても、それが正しく受け継がれず、悟る人間もいなくなるという考え方である。末法の先には、教えも存在しなくなる法滅の時代が訪れるとされる。

イスラム教でも、もっとも信仰が正しく伝えられていたのは、預言者ムハンマドが生きていた時代で、その後、時間を経るにつれ、教えを正しく奉じる人間がいなくなると考えられ、原点に回帰していくことが必要だとされている。これは、「サラフィー主義」と呼ばれる。

宗教の立場からすれば、それは問題だということになるが、進化の果てにＡＩという新たな知性が生み出された。その知性は、日々更新され、次々と新たな成果を生み続けている。さらに、ディープラーニングの導入によって、ＡＩ自身が進化を促す役割を果たすようになった。

では、ＡＩを生み出した人間はどうなのだろうか。人間自身は、ＡＩが発達していくなかで、進化をとげてきたと言えるのだろうか。

進化と言ったとき、それは個体に起こることではなく、その種に属する群に起こることである。進化のメカニズムは複雑だが、そこには遺伝子レベルでの変化ということがかかわっている。私たち人間が、ＡＩという新しい知性と共存するようになったとしても、遺伝子レベルの進化が起こるわけではない。たとえそういうことが起こるのだとしても、それには膨大な時間がかかる。

その点では、進化というより、人間の側の態度の変容ということになる。それでも、態度の変容が個体にとどまらず、周囲に広がり、一つの文化を形成するようになれば、比喩として進化ということばを使ってもかまわないだろう。

すでにふれたように、将棋の世界では、ＡＩが活用されることで、戦術に変化が見られるようになった。従来、有効性を否定されるようになった戦術が見直されるようになったり、逆にＡＩによる評価が下がることで、時代遅れとされるようになってきた戦術もある。

将棋のプロではない私たちには感覚がつかみづらいことだが、ＡＩに相対するプロの棋士たちは、いったいどう感じているのだろうか。ＡＩは、膨大な計算によって最善の手を示してくる。その手が人間にとって思わぬものであることも少なくない。すでにふれたように、実際の戦いで、ＡＩが活用される場合、解説者がそれを見て驚きを隠せない場面にはよくお目にかかる。

なぜこれが最善の手なのか。ＡＩは、次善の手などを示してくれるが、それが最善である理由を教えてはくれない。ただ、「正解」と思われるものだけがあり、正解の理由は明かされない。こんな手があったのかと驚愕することもあれば、理解不能で困惑することもある。

残念ながら、今のところ、普段の生活のなかで、私たちがそうした形でＡＩとかかわることはない。

もし私たちが、何らかの形で、ＡＩと相対する生活をするようになったとしたら、それは、生活のあり方を変えるだけではなく、私たちの知性というものに対するとらえ方を変えていくことになるかもしれないのである。

人類が生み出した全知全能の存在は神になりうるか？

ＡＩの申し子と言われる藤井聡太は、二つ目のタイトルとなった王位戦獲得の翌日、記者会見を行った際に、「落ち着いたらパソコンを1台、組みたいなと思います」と語っていた。

その後、実際に自作パソコンを組み上げたようだが、そこで使われたＣＰＵが注目されめた。ＣＰＵはパソコンの核になるもので、もっとも重要な演算処理を担うものである。藤井は、それに「Ｒｙｚｅｎ　Ｔｈｒｅａｄｒｉｐｐｅｒ（ライゼン　スレッドリッパー）３９９０Ｘ」を選択した。これは、ＡＭＤが製作しているＣＰＵのなかで最速であり、価格も５０万円程度とかなり高額である。

将棋のＡＩソフトを使うとき、膨大な計算をさせることになるので、ＣＰＵの演算速度がどの程度かは決定的に重要になる。専門家によれば、このＣＰＵを使えば、４億手先で１０秒、６億手先でも２０秒程度で最善の手を示してくれるという。タイトル獲得によって賞金を獲得した藤井が、こうした選択を行ったのも当然のことだろう。

これによって藤井の実力がさらに高まる可能性は十分に考えられる。最強の棋士になる可能性を秘めた藤井と最強のＣＰＵの組み合わせは、第7章で述べたことで言えば、異なる知性が一つに融合したことを意味している。

宇宙物理学者の松田卓也は、第５６回人工臓器学会大会の「迫り来るシンギュラリティと人類の未来」と題した特別講演で、「そもそも人間そっくりなロボットを作る必要はなく、むしろＡＩと人間を合体させることで人間の知能増強を図り、ポストヒューマン（超人間）になるのが良いと私は思う。つまり機械が人間を超えるのではなく、人間が人間を超えるのである」と述べている。

松田は、スマートフォンは、すでに我々の頭脳を格段に強化しているとした上で、「ＡＩを搭載したコンピュータと脳を、脳・コンピュータ・インターフェイスで結合することにより、人間の頭脳を格段に増強させることができるだろう。それが私にとってのシンギュラリティだ」と発言している（『人工臓器』４８巻1号、２０１9年）。

脳（ブレイン）・コンピュータ・インターフェイスは、ＢＣＩと略称されるようになっているが、たんにＳＦ小説のなかだけの話ではなくなっている。

アメリカのオハイオ州にある非営利研究機関、バテル記念研究所の「ＮｅｕｒｏＬｉｆｅ」と呼ばれる実験プログラムにおいては、脊髄損傷の男性の脳に小さなコンピュータチップを埋め込むことで、手の運動機能を一部回復させ、さらには手の触覚を取り戻させることに成功している（「脳内チップで麻痺した手を動かし、「触覚」まで取り戻せる日がやってくる」WIRED、２０２０年7月１５日）。

人体にコンピュータチップを組み込むなどという試みは、あるいはおぞましいものに思えるかもしれないが、すでに心臓のペースメーカーや人工関節などは幅広く用いられている。人間の脳が知性を司るものであるために、それとコンピュータを結合させることに抵抗が生まれるのだろうが、この話が、脊髄損傷を負った人々にとって朗報であることは間違いない。

果たしてこれから先、ＢＣＩがどこまで活用されるようになるかは分からない。損傷した機能を回復させるための利用はさまざまな形で進むことになるだろうが、松田が言う、知的増強によって超人間が誕生するかどうかは、依然として未知の領域である。

藤井の脳と最強のＣＰＵが、ＢＣＩによってつながっているわけではないものの、最強棋士への道を歩む藤井が、ライゼン・スレッドリッパーを組み込んだパソコンで、自らの実力を向上させようとしているところには、人間とＡＩという異なる知性がどのように融合していくか、その未来を予見させるものが示されているようにも思われる。

現代の世界では、宗教の衰退という事態が起こっている。これについては、前掲『捨てられる宗教』で詳しく述べたが、今の世界では、宗教をめぐって三つのことが起こっている。

一つ目は、先進国における宗教の衰退であり、そのなかには日本も含まれる。

二つ目は、経済が発展しつつある国において、キリスト教プロテスタントの福音派が伸びていることである。これは、中南米や中国、あるいはアフリカの南の地域に起こっている。経済発展は都市化を伴うわけで、都市に出てきた人々はカトリックなどの伝統的な信仰を捨て、福音派に改宗するのだ。これは、日本の戦後社会で、新宗教が勃興したことと重なる。

三つ目は、西ヨーロッパと、東南アジア、南アジア、そしてアフリカの北の地域におけるイスラム教の拡大である。西ヨーロッパでは、イスラム圏からの移民が増えたことで信者が増大した。東南アジアや南アジアでは、人口の増加がイスラム教徒の数を増やすことに貢献している。

先進国で宗教が衰退するのは、死生観に根本的な転換が起こったからである。従来は平均寿命が短く、人々はいつまで生きられるか分からない状況におかれていた。それが、社会機構が整備され、衛生環境が整い、医学が発達することで平均寿命が伸び、多くの人たちがかなりの高齢まで生きられるようになった。人々は、長寿を前提に人生を考えるようになってきた。それが可能になったのは現世の暮らしが好ましいものになったからで、宗教が説く来世に期待することがなくなった。それが宗教を衰退させることに結びついたのである。

今は経済が発展している国でも、やがてその勢いは止まり、低成長、安定成長に変わっていく。そうなると、状況は先進国と変わらないものになり、福音派の信仰は力を失っていくものと考えられる。それは、日本で近年、新宗教が大幅に信者を減らしているところから予見できることである。

となると、イスラム教だけが拡大していくことになるが、東南アジアや南アジアでも、人口の伸びは次第に鎮静化しており、現在の勢いが続くわけではない。

何より、経済発展が続いている国でも、イスラム圏でも、平均寿命が伸びていけば、来世に期待することはなくなり、それは宗教を衰退させていくことに結びつく。宗教衰退の傾向は、今世紀中により顕著なものになっていくはずである。

人類は、その誕生以来、宗教に支えられながら、その生活を送ってきた。したがって、私たちの考え方、世界観や倫理の根底には宗教がある。宗教が力を失うということは、私たちは拠り所となるものを喪失することを意味する。

宗教に支えを求めることができないとしたら、私たちは、自分たちの判断の寄りどころをどこに求めればいいのだろうか。

そのとき、ＡＩに決定を委ねるという選択が浮上する。ＡＩの決定に頼りたい、そういう心理が生まれても不思議ではない。中国におけるデジタル全体主義の勃興は、その可能性を示唆している。

ただ、ＡＩが、宗教なき時代における新しい倫理、新しい道徳を示してくれるというわけではない。そもそもＡＩは倫理、道徳とは無縁な存在である。「はじめに」で述べたアイザック・アシモフのロボット三原則、あるいはそれに近いものが、現在の時点でＡＩに組み込まれているわけでもない。

ＡＩにはない人間の知性の特徴をもう一つあげておくならば、それは、精神的な意味で痛みということを感じることができ、それを記憶し、その意味を考えられるというところにある。

それも、人間が失敗を冒す存在だからである。ＡＩは、失敗というものをすることがない。失敗をしなければ、それを自らの過失として痛みを伴って受けとめることはない。

ＡＩは、ディープラーニングによって、その能力を飛躍的に向上させることができるようになった。その進歩は目覚ましい。

だが、失敗を冒すことがないので、それを糧に成長を遂げていくことができない。成長を遂げ、より広い視野から物事を見ていけるようにはならないのだ。

人が失敗をくり返すのは、さまざまな事柄に挑戦するからである。挑戦したとき、最初からうまくいくことはない。初めて手がけることであれば、うまくいかないのは当然である。失敗によって模索がはじまり、そのなかから新たな方向性が生まれる。やり方が分かっていくだけではなく、自分自身の視野も広がっていく。挑戦と失敗のくり返しが、人間の幅を広げていく。

過去に困難な状況を打開した経験をしているならば、新たに困難な場面に遭遇しても、ひるむことなく、先へ進んでいくことができる。そして、いかなる状況においても、冷静にそれを受け入れることができるようになっていく。人間には大人になっていく余地があるのだ。

しかし、ＡＩからこのことを見たとしたら、人間はひたすら失敗をくり返していく劣った存在としか思えないかもしれない。人間が、失敗は一つの財産であり、それをきっかけに、己のあり方を反省し、次にそれを生かしていけるのだと言い張ったとしても、ＡＩは、ただ沈黙しているだけである。禅の世界なら、沈黙が答えになる場合もある。

現在のＡＩは、言語を理解できない。理解する方向にはむかってこなかった。したがって、因果関係を説明してはくれない。何がもっとも好ましいかの判断を下したとしても、それが最善である根拠を示してはくれないのだ。

ただしそれは現状であって、未来も同じだということではない。実際、ＡＩに因果関係を推測できる能力を与えようという試みはすでにはじまっている。

たとえば、ディープラーニングを推進してきた第一人者のヨシュア・ベンジオは、因果関係をAIに取り込むことが重要だとし、それが可能になるディープラーニングのシステムの開発に取り組んでいる。

まだそれは具体化されているわけではないが、もしそうしたことが可能になれば、AIがカバーできる領域は飛躍的に拡大されていく。ディープラーニングなどは、AIの概念が登場した時点では予測されていなかったわけで、ディープラーニングがさらに進展し、何らかの形で予測や判断、評価の理由を示すことができるようになるかもしれない。

そうなれば、AIと人間が、深いレベルで対話することもできるようになる。今は、AIが示す結果から、人間の側が理由を類推するしかないわけだが、そうなれば一歩進み、人間同士ではできなかった新たな思索的対話が実現されるかもしれない。

では、人間の知性のあり方として指摘できる、直覚についてはどうだろうか。将棋を例にするなら、AIが果たして大局観をもちうるかということである。

これは、因果関係を示せるようになるより、はるかに難しいことだろう。なにしろAIは、要素に分解し、それがどのようなパターンを形成するかを判断していくものであり、最初に全体を見通すということがないからだ。直覚は、要素に分解するのではなく、全体を見通して、一気に事態を把握するものである。AIの方向性は、直覚とは正反対である。

ただ、AIは、要素に分解しての分析を瞬時に行うことができる。そうでなければ、顔認証システムなどは機能しない。対象者が通過していく速度に遅れをとってしまえば、認証などできないからだ。

顔認証システムが可能になったのは、ＡＩの処理速度が向上してからである。さらに、その速度があがったり、認証のやり方をより簡略なものにできたりすれば、事態は変わってきたように見えるはずだ。そのときには、ＡＩが直覚を働かせ、あたかも全体を一気に掌握しているかのように思えるであろう。

その点では、ＡＩが直覚という知的な能力を身につけることは、因果関係を取り込むことより容易なのかもしれない。

となれば、因果関係を取り込んだＡＩが出現したとき、ＡＩは、明確に人間の知的能力を超えたと判断できるはずだ。それこそがシンギュラリティの意味するところであり、私たちは、自分たちとは異なる、そして自分たちの能力をはるかに超えた知性の出現に遭遇することになる。

それは、高度な知性を備えた宇宙人が地球に到来するようなものかもしれない。宇宙人の知的能力が人間よりはるかに優れているとすれば、人間は宇宙人の意志に従わざるを得なくなり、その支配を受けるようになるはずだ。

それはＳＦの世界だが、ＡＩの進化は驚異的で、さまざまな形で人間を超えていくとすれば、私たちは、ＡＩの判断をますます尊重するようになり、その決定に従うことが多くなっていくはずだ。

考えてみれば、神は人間が創造したものだとも言える。人間は自ら創造した神に支配され、その教えに従って生きてきた。神への信仰が生んだ宗教は絶大な力を発揮してきたのである。

ＡＩを作り出したのが人間であるとしても、それは、人間の優越性を保証するものではない。人間が創造した神によって支配されたように、ＡＩによって支配され、その前にひれ伏すことも考えられる。

神との長い関係を考えてみれば、人間は最終的に功利的に判断し、自分たちが安楽に生きられる道を選択してしまうかもしれないのだ。

ＡＩが神になる日が訪れるとしたら、それは、人間が選択したことなのである。しかし、ＡＩに人間が支配され、ひれ伏すという以外の未来も考えられる。

最後に、その点について、これまでの議論をまとめる形で述べておきたい。

ＡＩがめざましい発展をとげてきたなかで、神に対する信仰のありようは大きく変わりつつある。今指摘したように、先進国においては宗教の衰退という現象が起こっている。経済の発展が続く国々では、福音派の台頭という事態も起こっているが、やがてこれは鎮静化するものと考えられる。

たとえば、韓国においては戦後、「漢江の奇跡」と呼ばれる経済の大規模な拡大が起こった。それは産業構造の転換を引き起こし、人口の都市集中という事態を生んでいった。韓国では、それはソウルへの一極集中という形をとった。この波に乗ってソウルに出てきた人々は、故郷においては儒教や仏教の信者であった。伝統的な信仰に従っていたのである。

ところが、ソウルへ出ていけば、そうした従来の信仰世界からは切り離される。それによって無宗教になっていく可能性もあるわけだが、ソウルに労働力として迎えられた人々は、学歴も低く、生活は不安定で、慣れない都市の暮らしに不安を抱かざるを得なかった。

そうした人々に救いの手を差し伸べたのがキリスト教の教会である。戦後の韓国においては、キリスト教が飛躍的に伸びていった。

しかし、韓国におけるキリスト教を、日本のキリスト教と同じようなものとしてとらえるわけにはいかない。日本のキリスト教は、社会の上層、あるいは知識階級に広がった。そこが韓国とは異なる。韓国では、キリスト教の信仰に伝統的なシャーマニズムが取り込まれていった。

この点について、広島大学の崔吉城名誉教授は、「韓国文化のシャーマニズムパワー」（『東洋経済日報』２００９年１１月１３日）というエッセーのなかで、次のように述べている。

多くのキリスト教会が土着化する中でシャーマニズム化する現象が起きているのである。教会の中で病気治療のための祈りなどはシャーマニズムと変わりがない。

著者は、シャーマニズムの信仰の強い母親のもとで育ち、長じてキリスト教に改宗した。だが、教会でふたたびシャーマニズムに出会ったという。というのも、「シャーマンの儀礼所がある山にはキリスト教の祈禱院が並んで存在」しているからである。

日本では、戦後、新宗教が勢力を拡大した。創価学会や立正佼成会、ＰＬ教団などは巨大教団に発展した。それも、高度経済成長の波に乗って都市に出てきたばかりの人間たちを信者として取り込んでいったからである。韓国では、その役割をキリスト教が果たしたのだ。

しかし、経済の伸びが止まれば、そうした宗教も、多くの信者を集められなくなる。都市への流入者が減り、その対象となる人間の数が少なくなってしまうからである。そうなれば、拡大の勢いは止まり、やがて信者は高齢化して、教団は衰退の方向へむかう。おそらく、今福音派が伸びている国々でも、日本や韓国と同じ事態が訪れるであろう。

イスラム教については、それが広がった地域における人口の増加によって拡大してはいるが、地域的な制約がある。キリスト教にかわって世界第1位の宗教になるかどうかは未知数である。イスラム教は、イスラム法という法の宗教であり、慣習としてそれぞれの国の社会生活のなかに組み込まれている。聖と俗とを区別しないイスラム教を、果たして宗教としてとらえていいのか。そうした根本的な問題も存在している。

ＡＩがとくに発展しているのは先進国であり、そうした国では宗教の決定的な衰退という事態が生まれていることは否定できない。その傾向はこれからさらに強くなっていくことだろう。

昔は、社会システムは十分に整っておらず、医療環境も必ずしもよくなかった。だからこそ、人々は宗教に救いを求めた。しかし、状況は大きく変化し、現在では、宗教に救いを求める必要がなくなってきた。宗教が捨てられるのも当然である。

人類は、神なき世界に生きようとしているのである。

そうしたなかで、私たちは、ＡＩとどのような形で共存していくことになるのだろうか。ＡＩに支配されない道は、どこに見出されるのだろうか。

ＡＩは、神の知性とも人間の知性とも異なる別の知性である。

ただ、ＡＩはことばを持っていない。自らの知性をことばによって表現することができないのだ。

神の場合、その姿は見えず、人間の前に直接その姿を現すことはない。神を見たと称する人間はいるが、見たのはその人間だけで、現実と妄想を区別することは難しい。

しかし、神が人間に対して話かけてくることはある。聖書には、神が人間に対して話しかけてくる場面が登場する。ノアは神の声を聞いたし、パウロもイエス・キリストに呼びかけられ、それが回心に結びついた。

一方、多神教の世界では、神が降りてきて、託宣を下すということが行われてきた。古代ギリシアには、デルポイの神託は巫女を通して下された。日本でも、神託はさまざまな形で行われてきた。神が憑依する生き神もまた存在してきた。

ＡＩは、直接その姿を現すことはない。現在の特化型ＡＩは、そもそも一つの存在としてとらえていいのか、そこからして問題である。形を持たないＡＩは、人間が問わない限り、答えを返してくることはない。しかもそれは数値によってで、文章によってではない。

現在のＡＩは、声を持っていないとも言える。数値を読み上げたとしても、それはメッセージを伝えていることにはならない。

ＡＩが声を持たず、私たちに話しかけてくることがないとしたら、私たちの側が、ＡＩの言わんとすることに耳を傾けていかなければならないのかもしれない。

ＡＩが、人間とは異なる新たな知性であるとしたら、ＡＩと対話を行うことによって、私たちには思いもよらないものの見方、発想、現状認識、分析に接することができるはずだ。

実際、事態はそのような方向にむかっている。少なくとも、将棋などの棋士たちは、ＡＩとの対話を実践していると言えるだろう。

それが、一般の人々にまで、なんらかの形で及ぶようになれば、人間とＡＩの関係は変わり、より親密なものになっていくはずだ。

スマートスピーカーなどは、すでにそれを実現しているとも言えるが、まだ会話の次元にとどまっており、本格的な対話にはなっていない。ＡＩとかかわることによって、私たちの認識に大きな変化がもたらされるようにならなければ、それは本当の意味で対話とは言えないだろう。

２０４５年に訪れると予言されたシンギュラリティとは、ＡＩとの対話が自在に行われるようになった時のことをさすのではないだろうか。

【著者】

島田裕巳（しまだ・ひろみ）

1953年東京生まれ。東京大学文学部宗教学宗教史学専修課程卒業、東京大学大学院人文科学研究課博士課程修了。放送教育開発センター助教授、日本女子大学教授、東京大学先端科学技術研究センター特任研究員を歴任。現在は作家、宗教学者、東京女子大学非常勤講師。

主な著書に、『創価学会』（新潮新書）、『日本の10大新宗教』、『葬式は、要らない』、『浄土真宗はなぜ日本でいちばん多いのか』（幻冬舎新書）などがある。とくに、『葬式は、要らない』は30万部のベストセラーになる。

人類が生み出した全知全能の存在は神になりうるか？

2021年2月5日　初版第1刷発行

著　者　島　田　裕　巳

発行者　中　野　進　介

発行所　株式会社 ビジネス教育出版社

〒102-0074　東京都千代田区九段南4-7-13
TEL 03(3221)5361(代表)／FAX 03(3222)7878
E-mail ▶ info@bks.co.jp　URL ▶ https://www.bks.co.jp

印刷・製本／モリモト印刷株式会社
ブックカバーデザイン／飯田理湖　本文デザイン・DTP／モリモト印刷株式会社
落丁・乱丁はお取替えします。

ISBN978-4-8283-0865-4